# 「国境なき医師団」になろう！

いとうせいこう



講談社現代新書
2540

# はじめに

二〇一六年から世界各地の「国境なき医師団」を取材しています。これを書いている現在までにハイチ、ギリシャ、フィリピン、ウガンダ、南スーダンの五ヵ国。それぞれにハードな現実を目の当たりにしてきました。

しかしそもそも、なぜ私がそんなことをするに至ったのか。これが少し妙な顛末なので短く説明させてください。

男も日傘をさすべきだと、ある夏から考えた私は色のついた雨傘など探して実際自分でさしたり、ツイッターで「恥ずかしがるな」と呼びかけたりしていたのです。それでもなかなか男の日傘が浸透しない。

男のくせに恥ずかしいじゃないか、と人々は言うのです。明らかに日本の夏が異常になっているのに。落語の中には明治の頃に旦那がたが日傘をさして歩いている描写があるというのに。さすだけで傘の下の温度が数度下がるのにです。根性主義みたいなものにいまだ日本はとらわれているのでしょう。

ともかく流行する男性用日傘を作るべく、私は少々パンクな感じのドクロの絵を描きました。なにしろ日傘自体に女性のフリル的印象がついていたからです。そこに過激なデザインが登場すればイメージが変わるんじゃないかと。

あてもなくその絵をツイッターで発表すると、なんと大阪の傘屋さんがそれを作りましょうと返信して下さいました。いまだにお会いしたこともない方の行動力で、その男日傘シリーズはいまだに好評でよく売れています。

さて売れたのはいいがパテントはどうしましょうと傘屋さんがメールをくれました。もともと儲けで考えたことではないので、私にはもらう気がありません。それにさすがにまだ男日傘の需要ですからさほどの額じゃないのです。

それでどこかに寄付を……と思ったときに思いついたのが「国境なき医師団」でした。紛争や災害があればいち早く駆けつける人々、というのが私の印象でぼんやりした尊敬の念がありましたし、夏の陽射しが自然災害の域に達しているという認識からもイメージがぴったりだったのです。

ということで、それからは毎年ドクロ傘が売れる分を必ず「国境なき医師団」に寄付してもらっています。まことに些少ながら。

それを何年か続けているとある年、つまり私が世界各地へと取材を始める前の二〇一五年、当の「国境なき医師団」から取材が来ました。寄付者にインタビューする新聞のシリーズなのだと説明がありました。一も二もなく私はＯＫ。ともかく彼らの役に立ちたかったということもありますが、何より憧れの「団」の方に会えるのが楽しみだったのでした。

待ち合わせの喫茶店には、広報の女性と、インタビューを載せる新聞の方がいたと記憶します。

挨拶して五分ほど、まず広報の方が資料を開きながら「弊団」がどういう成り立ちをし、どういう活動をしているかの説明（のちに各ミッションを見に行くと、こうした「ブリーフィング」が必ずあるとわかる）をしてくれました。

その説明には、私が聞いたことのない事実がたくさん含まれていました。

驚いた私は当然質問をします。

すると回答がまた知らないことだらけなのです。

例えば読者の皆さんも、「国境なき医師団」は医療関係者だけで構成されているのではないとご存知でしょうか。細かい数字はまたのちに挙げますが、ほぼ半数が非医療者です。彼らはノンメディカルと呼ばれます。

ノンメディカルの中には、紛争地や災害地に駆けつけてすぐテントなりコンテナなりを建てる、いわば建設業のような人々がいます。

それから常に最も大事なのは「水の供給」ですから、タンクやポンプ、それを仮設の病院や避難所へ引いてくるパイプがなければいけません。それなしでは患者さんの命も、助けにいった医師たちの命も助からないからです。

もちろんただの水じゃありません。衛生的に安全を確保された水で、それがいつでも補給されるシステムが必要です。菌の発生がないかチェックし、消毒するのも「国境なき医師団」です。それらは清潔な飲み水と、手術などに使用できるレベルの水などに分かれます。「ウォーター&サニテーション(水と衛生)」はこうして過酷な活動地での基本中の基本で、「WATSAN」と略して呼ばれるくらいの重要事項です。

電気の確保も同じです。紛争地の砂漠で、ノンメディカルは自家発電を行わねばなりません。それは空調とつながって新生児を救い、怪我人を癒します。あるいは重要な薬剤は常に一定の温度で保管されなければ効果を失ってしまいます。

医師や看護師は、彼らノンメディカルの徹底したバックアップがあってこそ十二分な活動ができるのです。

以上は「国境なき医師団」の仕事のほんの一部で、さらに細かいことは重複をおそれず

第一章以降に書いていこうと思います。何度言われてもびっくりするような、まるで知らない「国境なき医師団」を私は皆さんにお伝えしたいと願っています。

その前にここで「国境なき医師団」という呼称を世界レベルに合わせます。彼ら発祥のフランスではそのままの意味で「Médecins Sans Frontières」と言い、その頭文字を取ってMSFと言うことがほとんどです（ただしアメリカの入管ではその英語版の表現がまったく通じませんでした。「ドクターズ・ウィズアウト・ボーダーズ」と特に「ウィズ」の「ズ」のところで舌を嚙むように頑張ったのですが、じっと見つめられ、肩をすくめられるだけでした）。そこで私たちもここでMSFと呼びます。

なぜそうするかというと、各国を取材するうち出会った日本人の女性スタッフにこう言われたことがあるからです。

「『国境なき医師団』って名前、固いじゃないですか。すごく男っぽいというか。でもそこで活動してるわたしたちは聖者なんかじゃないんです。日々悩みながら活動している普通の人間たちなんですよ」

そうか、なるほどなあと思った私は特にそれ以来、なるべくMSFと呼ぶようにしています。事実「団」の人は海外の方はもちろん、日本人スタッフもたいていそう呼んでいるようです。

あ、話が横にそれてるうちに、数年前の喫茶店での自分たちをおいてきぼりにしていました。広報にブリーフィングを受けている私に戻ります。

こうして私はノンメディカルのことをおおまかに知ったのですが、さらに活動内容の中にもそれまで聞き及んだことのない事例が多くあるのに驚いたのでした。

一つ例を書けば、東南アジアで性暴力が多発している地域に入り、生殖や女性の健康に関する啓発活動をしているのも「国境なき医師団」だというのです。

つまり紛争、災害のあといち早く急行する彼らは、同時に他の様々なミッションにも参加しており、そうした活動については常に「団」の内部で議論されながら新しく進んでいるのでした。私は恥ずかしながら、彼らのそうした一面も知らずにいました。

ということで、取材が始まってから一〇分ほどして、ほとんど赤面した状態の私は、広報の方にこう詰め寄っていたのです。

「そういうことって、その、多くの人が知っていることですか？　それともひょっとして僕だけが知らないんでしょうか？」

広報は気を遣って下さいました。

「弊団でもきちんと伝えているつもりなんですが、なかなか広まっていないかもしれませんね」

　そこで私は生来の好奇心も、恥をかき消したい一念もあってこう言いました。

「であれば、僕が取材をしてなるべくたくさんの方に伝えるのはどうでしょう？　もちろんたいした力にはなれませんが、発表の場はあれこれあると思います」

　実際、もっともっと私はＭＳＦについて知りたかったのです。


　そういうわけで、のちに『「国境なき医師団」を見に行く』という単行本にまとまった世界各国への取材は、取材場所で一〇分もしないうちになされた私からの逆取材の申し込みによって始まったのでした。

　まず私は一〇日くらい空けられるところを前もって押さえておき、その間に広報が世界中のＭＳＦに連絡しつつ、直前まで粘りに粘って取材を受け入れてもらえる場所を探しました。

　なぜそうなるかというと、活動地では第一が患者への医療の提供であり、私の取材などよほど余裕のある時期でないと成立しないのです。また行くのはホテルがあるような場所ではないから宿舎に空きの部屋がないと無理ですし、私たちを安全に運ぶドライバーの確保なども必要になります。ゆえに常に世界の情報に気を配り、適切な現場をＭＳＦ日本の広報は提供してくれたわけです。

私の取材を評価して下さる方の中には「私も行って現状を広めたい」と言って下さる方も少なくないのですが、実は私たちはある意味で彼らの邪魔をしています。ＭＳＦ全体の広報としては受け入れてもらっているものの、基本的には本来医療に集中したいところを、あえて時間をさいていただいているわけです。なので、私はいつも肩身を狭くしてインタビューしてきました。

これまたのちにも説明しますが、ＭＳＦはほとんどすべての活動資金を個人の寄付でまかなっています。ですからたとえ取材であっても、私たちはお金に気をつけてきました。現地に行くまでの飛行機は当然エコノミーです。着くまでに空港で食べたいものがあれば自分で出します。

そしていったん目的地に着けば、食費は宿舎で出るものをおいしく食べます。夜、安全な地帯へ出て何か食べるなら割り勘です。そうやって「寄付を無駄に使わない」ことは、取材者の私にとっても小さな誇りであり、喜びです。

さて、のちの文をよりよく理解して読んでいただくための、長いまえがきはこんなところにいたします。

何はともあれ、ＭＳＦはこれを読んでいる皆さんのうち、実はかなり多くの方が参加しうる団体であり、もちろんささいな寄付のみであってもそれが大きな効果を上げていることを知っていただけるなら幸いです。

まだまだ知らないことだらけの「国境なき医師団」。

それでは次章からどうぞ！

目次

# 第一章　「国境なき医師団」ってどんな組織？

## ＭＳＦはいつ誰が設立したの？

ＭＳＦの世界へようこそ！

「国境なき医師団」が世界的にはＭＳＦという名前で呼ばれていることはすでにお伝えしましたね。正式名称は「Médecins Sans Frontières」、フランス語です。

ＭＳＦは一九七一年一二月二〇日にフランスで創設されました。

この背景には、一九六七〜七〇年にナイジェリアで起きたビアフラ内戦があります。当時、赤十字の医師たちがビアフラ内戦に医療援助で派遣されていました。彼らは、兵糧攻めや援助の妨害によって一般市民が飢餓に陥っている実情が、あまりにも国際社会に知られていないことに葛藤を抱えました。

戦地で見たことを伝えたい。医師たちがそう思っても、当時の赤十字は「沈黙の原則」でこれを禁じていました。医療に専念し、被災者へのアクセスを保ち、中立の立場を保持するという考え方からです。

これではいけないということで、いわば赤十字から分派するかたちでＭＳＦは立ち上げられました。

その際、医師たちは、体験した事実を述べるプロ、つまりジャーナリストを仲間にしました。ＭＳＦの創設者は、医師とジャーナリストのグループなのです。

したがってＭＳＦの主な活動内容には、「緊急医療援助」とともに「証言活動」があります。英語では「Speaking Out（正々堂々と意見を述べる）」と呼ぶ証言活動って、あまり知られていないですよね？　でも、実にこれが理にかなっているのです。

医療活動を行うと、患者さんに会い、人々の窮状に触れます。そうした中で、弱い立場にある人々に医療が届かない原因や、人権が侵害されている状況がおのずと浮き上がってきます。つまり、医療だけでは解決できない問題に突き当たるのです。

その現状を多くの人に伝え、注目を集めることが、現状の改善につながります。たとえば、ある地域でエボラ出血熱の流行が止まらないとします。しかし国際社会がなかなか動こうとしません。そうした場合に、国連安全保障理事会に出向いて「今こそ世界はエボラに注意を注がないといけません」と訴えます。あるいは、当事国の政策決定にたずさわる人たちと会って「医療を届けるためには、法律を変える必要があります」と交渉します。

証言活動は多岐にわたります。人道危機に注目を集め、医療の手薄な地域に国際社会の目を向けさせることはもちろん、もっと実質的な交渉もあります。人道的な措置として、薬価を引き下げたり、未登録の薬を医療活動で使えるようにしたりできるよう、国や製薬会社に訴える。そういった様々な交渉があります。

患者へのアクセスの問題もあります。紛争地をはじめ、入国や援助活動に必要なビザや活動許可が下りにくい国があって（実際に私も、二〇一六年七月にミャンマーへのNGO関係者の入国が規制されたため、取材地を変更しました。第三章「現地ルポⅠ」参照）、そうした場合に人道・医療援助関係者にはビザの発給や活動の許可をしてほしいと関係機関に交渉します。

ただし注意しなければいけないのは、証言活動は政治の主体に向けて発信しますが、MSFの活動は「政治的」になってはいけないということです。後で詳しく述べますが、MSFの活動は特定の陣営に資するものになってはいけないのです。ですから証言活動はあくまで、何が起こっているかを伝え、患者さんのために訴えることです。

私が取材に入ることができるのも、こうしたMSFの方針があるからですね。同時に、MSF自身が独自に取材を行っていて、広報スタッフが患者さんや現地で働くスタッフに取材して、世界中にあるMSFの各事務局に向けて同時配信します。それは英語とフランス語に翻訳されていますが、それをまた各事務局が地域の言語に翻訳して自国のウェブサイトなどで配信しています。広報を行うスタッフには、ジャーナリスト出身の人も多くいます。

MSFは一九九九年にノーベル平和賞を受賞しました。このときの受賞スピーチでも、チェチェンの人々への無差別爆撃についてロシア政府を痛烈に非難しました。表彰台を証言活動の場に変えたのです。

## 三大原則とは？

ＭＳＦには原則としていることが三つあります。

「独立・中立・公平」

ＭＳＦは、目の前で苦しんでいる人を助けるという、〝医の倫理〟に貫かれた緊急医療団体です。また、大量の死傷者や難民、飢饉などの人道的危機に対して救援を行い、個人の尊厳を守る人道援助団体です。三大原則は、この活動の指針であり、この活動を守るものです。

独立とは、一言で言うと、資金が独立しているということです。ＭＳＦの資金は国家や国際機関に依らないため、活動内容に干渉されることがありません。これはとても重要なことなので、のちほど詳しくお話しします。

中立とは、患者さんを選ばないということです。第五章「現地ルポⅡ」南スーダン篇を読んでもらうとわかりますが、政治的に対立する勢力があっても、ＭＳＦは両方の患者さんを受け入れます。どちらにも味方せず、どちらにも敵対しません。

公平は、民族、宗教、政治的信条などに一切かかわらず、等しく医療を届けるということとです。

私が現地で何度も見たものに、銃器の持ち込みを禁止するマークがあります。ＭＳＦの活動地には必ず大きく掲げられていて、これは中立や公平のアクチュアリティのある印だと思いました。ＭＳＦは医療を届ける団体だ、ここには争いを持ち込ませない、ということですよね。

逆に言うと、ＭＳＦは「独立・中立・公平」を確保できない場所では、やむをえず撤退することがあります。

たとえばソマリアでＭＳＦは九〇年代初頭から二〇年ほど活動していたのですが、その間に一六人のスタッフが脅迫や誘拐に遭って亡くなりました。地域を支配する武装勢力やコミュニティの長と交渉しても医療活動が尊重されず、やむなく一時撤退という判断をしました。

ですからＭＳＦは、何が何でも危険に飛び込んでいくわけではありません。ある程度の安全が確保できなければ医療活動すらできませんから。その確証を得た上で、はじめてスタッフを派遣します。

次章以降に度々出てきますが、医療活動を行うためには現地での信頼関係が必要で、そのための細かいネゴシエーションは大変なものです。それがなければ、患者さんのもとへたどり着けず、患者さんからのアクセスも保てないのです。

## 憲章とは？

「ＭＳＦに参加できる条件は何ですか？」とＭＳＦスタッフに聞くと、「まず、憲章に賛同いただけることです」とよく言われました。憲章って何?!

というわけで、ここに憲章を書いておきます。ＭＳＦ活動の理念と行動指針がよくあらわれていますし、三大原則が具体的に説明されていてとてもわかりやすいです。

憲章

国境なき医師団は苦境にある人びと、天災、人災、武力紛争の被災者に対し人種、宗教、信条、政治的な関わりを超えて差別することなく援助を提供する。

国境なき医師団は普遍的な「医の倫理」と人道援助の名の下に、中立性と不偏性を遵守し、完全かつ妨げられることのない自由をもって任務を遂行する。

国境なき医師団のボランティアはその職業倫理を尊び、すべての政治的、経済的、宗教的権力から完全な独立性を保つ。
国境なき医師団のボランティアはその任務の危険を認識し、国境なき医師団が提供できる以外には自らに対していかなる補償も求めない。

**活動地はどんな場所？**

ＭＳＦが活動するのはどういう場所でしょうか。六つにまとめました。

・紛争地
世界では紛争がやまず、国内外に避難する人々が大勢います。一方で、避難せずにとどまる人もいます。治安が悪化し、あるいは病院が破壊されるなどして、彼らは医療を受けられずにいます。

・難民キャンプ
紛争地から逃れた難民・国内避難民がキャンプに集まります。その人口は膨れ上がり、ときにはパンク状態になります。この本では、ギリシャ、ウガンダ、南スーダンで難民キャンプを取材しています。

・食糧危機

アフリカのサハラ以南で毎年のように起きていて、子どもも大人も栄養失調に陥ります。また紛争や自然災害など、様々な原因で起きてしまいます。

・自然災害

迅速な救急・救命活動、そして被災者のニーズをつかむことが求められます。MSFは緊急医療援助団体なので、初動のニーズを他団体に引き継ぐことができれば撤退します。さすが〝風のように飛んできて、風のように去る〟と言われるMSFです。

国内では阪神・淡路大震災、東日本大震災、熊本地震、国外ではハイチ大地震、フィリピンの巨大台風、ネパール大地震などで活動しました。

・病院・薬がない地域

僻地や必要な医療が足りていない地域に赴いて医療を提供し、状況を調査し、どういう医療の必要性があるかという提言を行うこともあります。

・感染症

HIV／エイズ、結核、マラリア、はしか、コレラ、髄膜炎、エボラ出血熱など、アウトブレイクを起こして緊急的に対応するものだけでなく、長期的な治療が必要なものまでカバーしているのがＭＳＦの特徴です。

私がＭＳＦを取材したいと思ったのは、パプアニューギニアの性暴力が蔓延している地域に啓発活動に入っていると知ったからです。ＭＳＦには緊急医療というイメージが強かったので、そんな長期的な活動をするのかと驚きました。

つまり、ＭＳＦが行くのは医療的ケアが届いていない場所なのです。たとえ緊急性が低くても、誰も手当てをしていない人たちのところに行く。だからおのずと政府や他団体が手をつけていない場所になるんですね。活動地のうち、政情が安定している地域は四五％、紛争地や不安定な地域は五五％だといいます。

## ＭＳＦはどこにいる？

ＭＳＦは今も世界約七〇の国と地域で活動しています。

二〇一八年の活動地域を見ると、アフリカが五六％、中東が一七％、アジアが一五％、ヨーロッパが五％、中南米が五％、オセアニアが一％です。

活動規模が大きいのは、コンゴ民主共和国、南スーダン、中央アフリカ。人道危機が起き続けている地域ばかりです。近年は中東のイエメン、シリア、イラクなど、紛争地の活動規模が大きくなっているそうです。

アジアは旧ソビエト連邦のコーカサスを含みます。その地域は共産主義体制の崩壊とともに医療体制が崩れて、結核など長期治療を必要とする患者さんが増え、また治療を継続できなかった人に薬剤耐性がついてしまって複雑化しているケースもあります。

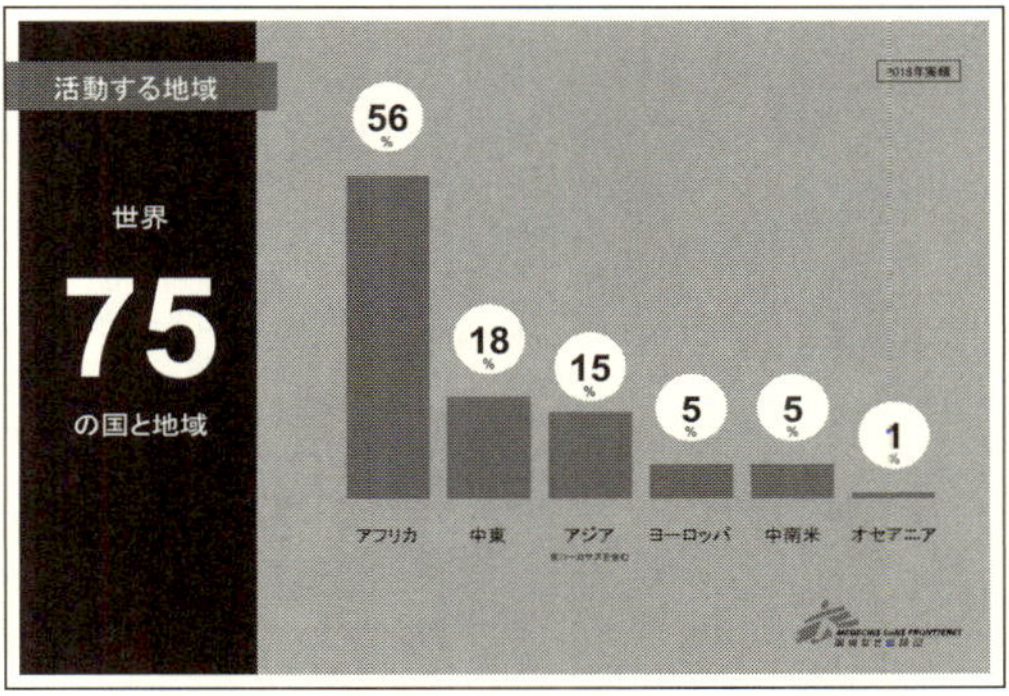


MSFが活動する地域（国境なき医師団日本提供。以下同）

日本人スタッフと話すと、多くの人が「南スーダンは誰しも一回通る道」と言います。ＭＳＦは一九八三年から三〇年以上も同地域で活動していますし、過酷なのです。部族間の衝突、食糧危機、ＨＩＶ、マラリア、はしかなどの感染症、栄養失調など、常に世界の矛盾が押し寄せてしまう地域です。

そのため、ＭＳＦも様々なタイプの活動を展開しています。第五章をぜひ読んでみてください。

**どんな医療をしているの？**

世界での活動実績をわかりやすく数字で示すとこうです。

・外科診療件数　一一二一万八七〇〇件
・入院患者数　七五万八二〇〇件
・外科手術件数　一〇万四七〇〇件
・治療した重度栄養失調児の数　七万四二〇〇件
・分娩介助件数　三〇万九五〇〇件
・マラリア治療の症例数　二三九万六二〇〇件

（二〇一八年実績）

私がびっくりしたのは、分娩介助です。ＭＳＦは妊産婦のケアを活動の大きな柱にしています。

紛争地や難民キャンプと聞くと、つい怪我や病気の救急救命を思い浮かべます。でも考えれば、そこで生まれてくる子どもたちがたくさんいるんですよね。

特にアフリカでは分娩介助の件数が多く、もしＭＳＦが入らなければ、不潔な環境で分娩が行われ、死産や発育不全が起きてしまいます。それよりも前に、母親が栄養失調で分娩すらできずに亡くなっていくケースも少なくありません。

　件数が増えているのは、性暴力被害に関するメンタルケアだそうです。

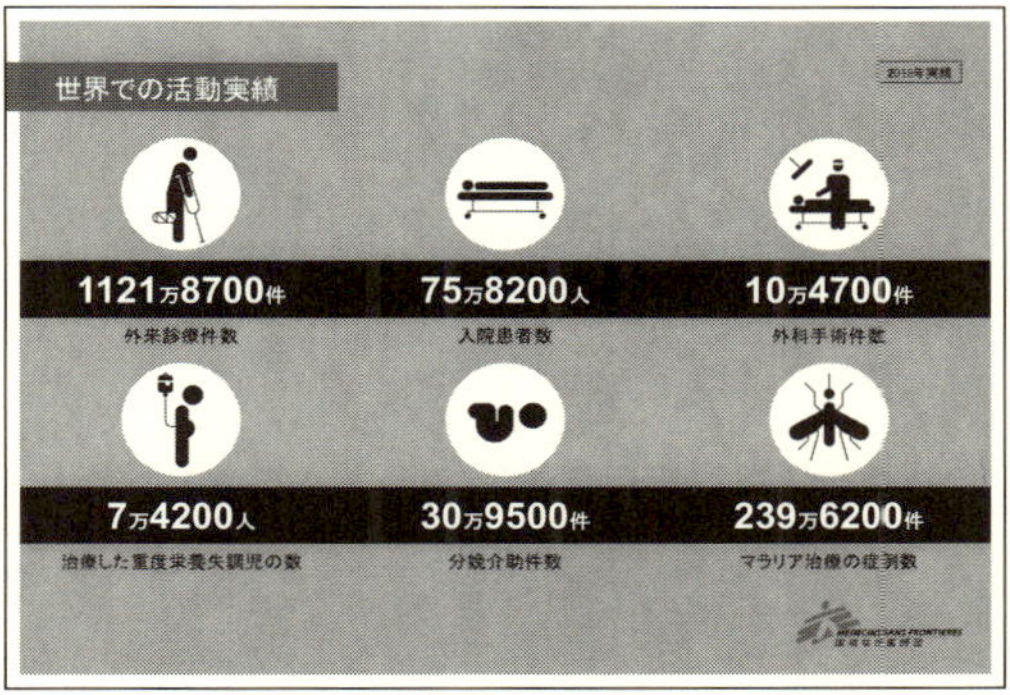

世界での活動実績

　日本も他人事ではありませんが、文化的、宗教的な背景から、性暴力被害者が警察や病院に行けない心理になりやすい地域があります。MSFは治療とともに、性に関する啓発活動を行っています。また施設では、被害者が人と会わないで済む工夫もされています。第三章「現地ルポI」ギリシャ篇をぜひお読みください。

　かくいう私も広報の新担当・舘俊平さんから先日教わったばかりで、思わず感嘆の声を上げたのですが、MSFは活動の当初からメンタルケアを行っているのだそうです。

　救急救命活動と同時にメンタルケアのチームが入って、臨床心理士と精神科医がペアになってカウンセリングや薬剤治療を行います。これは現地の患者さんだけでなく、ＭＳＦのスタッフも対象です。

日本ではこうしたメンタルケアが充実しておらず、いまだ根性論のような考え方で無理を通しますよね。海外派遣された自衛隊員のＰＴＳＤや自殺の問題もあります。発想を変えていかなければいけません。

## ＭＳＦの組織体制は？

ＭＳＦは国際的に活動する組織ですが、本部がありません。全体をどこか一つが統轄するのでなく、五つのＯＣ（オペレーションセンター）が活動を運営しています。集中型でなく分散型にすることで、活動の自立性を保っています。

ＯＣＰ　パリ（フランス）
ＯＣＢ　ブリュッセル（ベルギー）
ＯＣＡ　アムステルダム（オランダ）
ＯＣＧ　ジュネーブ（スイス）
ＯＣＢＡ　バルセロナ・アテネ（スペイン）

これと別に、ＭＳＦインターナショナルがジュネーブに置かれています。たとえば国連安全保障理事会でスピーチを行うなど、国際社会に対して組織を代表する場合はＭＳＦインターナショナルが担当します。ただし、本部機能はありません。そこには国際会長がいますが、これもあくまでスポークスマンという位置づけです。

二〇一九年現在、ＭＳＦの事務局は世界三八ヵ所にあり、日本事務局もその一つです。事務局のほとんどが五つのＯＣのいずれかとパートナーシップを結んでいます（カナダは例外的にＯＣに属していません）。日本事務局は、フランス、アメリカ、オーストラリア、ＵＡＥとともにＯＣＰのパートナーで、ＯＣＰとしての活動の戦略をそれぞれのパートナー事務局が支えるシステムです。

しかしこれは緩やかなネットワークであって、日本事務局がＯＣＢに協力できないとか、ＯＣＡとＯＣＧで活動方針が大きく異なるとか、そういったことはありません。あくまで「One MSF」なのです。集権型の組織は中央がどうあるかによって身動きがとれなくなりますが、分散型のシステムを構築することで独立性と機動力を高めています。野球みたいに固定されたポジションで役割を果たすのでなく、サッカーのように臨機応変にフォーメーションを変えながら展開していく。とてもユニークな組織形態です。

「One MSF」と同様、MSFの組織形態を支える考え方に「ムーブメント＝運動」があります。

MSFは本部を持たず、独立した事務局が連携し、活動地のニーズや時流に合わせてまるで生き物のように変化していく団体です。活動が大規模で複雑なものになれば当然、組織のルールや制度を整える必要性が生まれます。またそのことによって失われるもの――現地のニーズに即応できる機動力や、慣例にとらわれない柔軟さ――を、MSFは意識的に守っているのです。

ムーブメントの概念は、「理念に共感し、ボランティア精神で集まる個人の集合体である」というMSFらしさの表明です。

## 緊急医療援助活動って？

MSFでは、緊急事態発生から現地入りまで「四八時間」を目安にしています。なにしろ緊急医療援助団体ですから、この初動が大事です。機動力を最大限に上げなくてはいけません。

スタッフの方々がよく口にしますし、私も取材してあらためて感じたのは、「医師がいても薬がなくては治療できない」ということです。ロジスティック（物流）部門は緊急時に対応できるよう、念入りに準備しています。

ＭＳＦは物流拠点をフランス、ベルギー、オランダ、ケニア、ドバイの五ヵ所に設けています。ここに緊急物資や医療物資を常に通関手続きをすませた状態で置いておくので、現場に近い物流拠点からスピーディーに輸送することができます。

たとえば自然災害が起きたとき、四八時間以内に先遣の調査隊が現地入りしてニーズを把握します（必要があれば、先遣隊はそのまま現地で医療活動を開始します）。そのニーズに応じて、ロジスティックが物資を送り、海外派遣スタッフが現地入りして医療活動を始めます。

薬と医療物資を持っていけば活動できるのだろうと私なんかは考えていたのですが、とんでもない。テント、タンク、浄水装置、食糧、毛布、車両、発電機など、医療物資以外にも必要なものがたくさんあるんですよね。

医療チームとロジスティック、その両方を自前でまかなえるのがＭＳＦの強みです。

ちなみに、四八時間以内に駆けつけるために、Ｅプール（エマージェンシー・プール）という人材プールが設けられています。これは海外派遣スタッフとの期間契約で、その期間は常に緊急に備えて待機しておき、緊急があればすぐに出向くのだそうです。Ｅプールには医療スタッフも非医療スタッフもいます。

## どんな仕事があるの？

「はじめに」でも触れましたが、ＭＳＦでは医療スタッフ（メディカル）だけでなく非医療スタッフ（ノンメディカル）が働いていて、その割合にも多種多様さにも私は驚かされています。

順を追って、ＭＳＦのスタッフ構成を見ていきましょう。

ＭＳＦでは約四万七〇〇〇人が働いています（二〇一八年実績）。

そのうち三八〇〇人が海外派遣スタッフ（エクスパットとも呼ばれます）、もう四〇〇〇人が事務局スタッフです。あとの八割強、三万九〇〇〇人が現地雇用のスタッフです。

そして海外派遣スタッフのうち、医療スタッフが五三％、非医療スタッフが四七％。なんとノンメディカルの職種が約半数を占めています。

医療スタッフは、内科医、外科医、産婦人科医、小児科医、臨床心理士、看護師、助産師、薬剤師、疫学専門家など。

非医療スタッフは、ロジスティシャン、アドミニストレーター、水・衛生管理専門家、建築士、プロジェクト責任者、活動責任者などです。

（現地スタッフの職種も、医師、看護師、ロジスティック、通訳、調理師、ドライバー、守衛など様々です。）

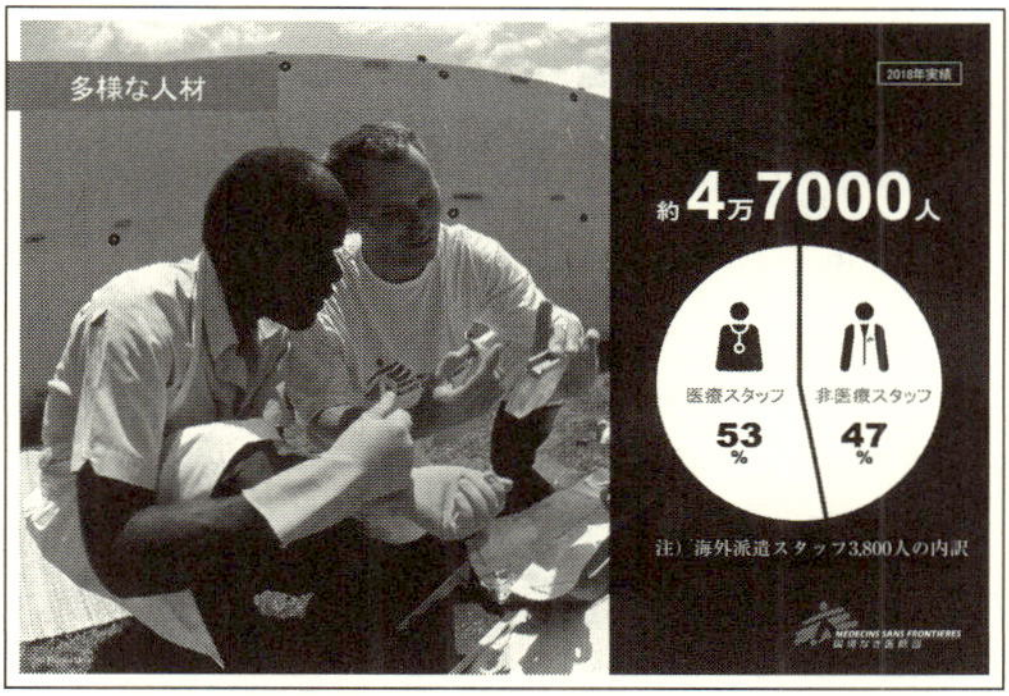

スタッフの人数と内訳

医療スタッフに臨床心理士や薬剤師が入っているのが意外でした。言われてみると当然という気がしますが、こうして見ていくと「緊急医療援助活動」の幅が広がって見えてきますよね。

対して、歯科医、眼科医、耳鼻科医といった職種は、緊急医療になりにくいので採用していないそうです。必要になったときは内科医や外科医が対応しています。

ＭＳＦの活動は緊急医療が中心ですが、ヨルダンをはじめ一部地域では、より中長期的な治療が必要な再建外科およびリハビリの病院を運営したりもしています。中東地域で紛争の被害に遭い一命を取り留めたとしても、社会復帰のためには外科的治療やリハビリを受ける必要があるからです。

地域で新しく出てきたニーズに応じ、柔軟にプロジェクトを組んでいきます。それもMSFの特色です。

さて、ここで非医療スタッフの奥深い世界を紹介したいと思います。

ロジスティシャンは医療活動をするためのインフラを作ります。薬剤や医療物資を用意するのも、病院や倉庫、宿舎などを確保するのも、その電気系統や給排水のシステムを構築するのも、薬剤の管理、車両整備や配車計画、無線やIT機器の設定なども、すべてロジスティシャンの仕事です。

また安全管理の面でもロジスティシャンは活躍しています。MSFは非武装ですが、綿密な警護計画があり、施設に鉄条網や鉄扉を設けたり、守衛を配備したり、日々の連絡系統を構築したり、緊急時の避難計画の運用を担っています。詳しくは第二章「MSF日本インタビューI」ロジスティシャン吉田由希子さんの話をぜひ読んでみてください。

現場に駐在するポジションもあれば、必要なときに飛んでいく「フライング」というポジションもあります。たとえば電気技師の場合、フライング・エレクトリシャンとして南スーダンに派遣され、普段は首都に身を置きながら、国内の複数プロジェクトから要請があればすぐに飛ぶというシステムです。

ロジスティシャンがカバーする領域はかなり広いので、様々な技術を持った人が集まります。ただし、MSFが非医療スタッフの採用で重視しているのは資格や免許だけでなく……、ちょっとこの話はまだ早い。もう一五行ほど読み進んでください。


アドミニストレーターは、一般の会社で言えば経理と人事にあたります。

プロジェクトの予算を計画し、会計を管理します。また、現地でのスタッフの採用と解雇、給料の支払い、人事案の作成などです。

第二章の高多《たかた》直晴さんのお話でハッとしたのですが、MSFの活動地は自分たちで一から作っているんですよね。鉛筆からパソコンからテントから、誰かが調達しないといけない。その会計を司るのがアドミニストレーターです。たった一ドルの節約でも患者さんの命を救うことにつながるという、高多さんの言葉が示唆的です。


プロジェクト責任者や活動責任者は、チームをまとめるマネジメントの役職です。ロジスティック出身者が多いそうです。日本人で活動責任者を経験した三人のうちの一人、村田慎二郎さんに第四章「MSF日本インタビューⅡ」でお話を聞いています。一言では言い表せない重みのある仕事内容で、特に証言活動のありようには、ＭＳＦが国際社会で果たしていく役割の可能性を感じました。

さて、先ほど後回しにした採用のお話です。

このようにＭＳＦでは多種多様な人材が働いていて、専門的な技術や技能を持った人が常に求められています。

ただそこでＭＳＦが面白いのは、その人がどんな資格や免許を持っているかと同様に、自分の考えを述べる積極性、ストレスに対応する力、限られたリソースで現場のニーズに対応できるよう、柔軟性や適応力も重視しているところです。実際にＭＳＦ非医療スタッフの前身は様々で、企業の営業職だった人、メディア関係の仕事をしていた人、銀行員など、特に資格がない人も大勢います。

このあたりは第二章で、人事担当の鴇田《ときた》花子さんにしっかりお話を聞きました。職種だけでなく人柄も多彩だということもわかり、私も応募したくなっています。

資格や免許、経験とともに、もう一つ必要なものがあります。

語学力です。英語かフランス語でコミュニケーションができるようにならないと、ＭＳ

Ｆスタッフにはなれません。

ＭＳＦのプロジェクトは多国籍チームです。日本から日本人のグループを作って活動地に行くのではなく、いろんな国からいろんなポジションの人が集まります。

プロジェクトごとに英語かフランス語か、活動で使う共通言語が決められます。それに合わせて、その言語ができるスタッフが派遣される仕組みです。

「ＭＳＦの採用面接を受けたとき、英語もフランス語もできませんでした」というスタッフも中にはいます。そういう方は語学スクールなどに通うなどして語学力を習得してから、あらためて試験に再チャレンジしています。「慣れない勉強は大変かもしれませんが、語学はやればやるほど身につくので楽しいですよ」と言っていました。

語学に限らず、ＭＳＦの採用面接はまるで試験と養成塾を兼ねていて、「もっと英語を勉強するといいですね」とか「熱帯医学を勉強してみませんか」と、アドバイスをくれます。ふるいにかけられ落とされる面接ではなく、足りないところを知って次につなげるための面接です。

## 日本からの派遣は？

二〇一八年、日本からの派遣人数は一〇六人、二七ヵ国で活動しました。

この一〇六人の中には複数回派遣された人もいるので、派遣回数だと累計で一四八回です。

日本の人材プールに二〇一九年現在で三〇〇人ほどのアクティブ（ある期間内に活動に参加している人）な人材が登録しています。ですから、約半数の人が海外派遣に出ている計算ですね。二〇代後半から七〇代の人まで幅広いです。

人材プールの新規登録者は年々増えているそうです。登録には時間がかかることもあります。先ほど触れたように、登録に至るまでに経験を積む必要がある場合もありますし、あるいは家庭や仕事といった自身の事情で数年にわたって考える人も少なくないそうです。

人事の鴇田さんのお話にも出てきますが、近年は、第二の人生を考える五〇〜六〇代や、子育てがひと段落した女性などが、ことに興味を持って説明会にやってくるそうです。

ＭＳＦは面接に落ちたら終了という性格のものではないので、じっくり時間をかけて自分の人生を作っていけるとも言えますね。

くり返しになりますが、全世界のＭＳＦでは、海外派遣スタッフは三八〇〇人いるそう

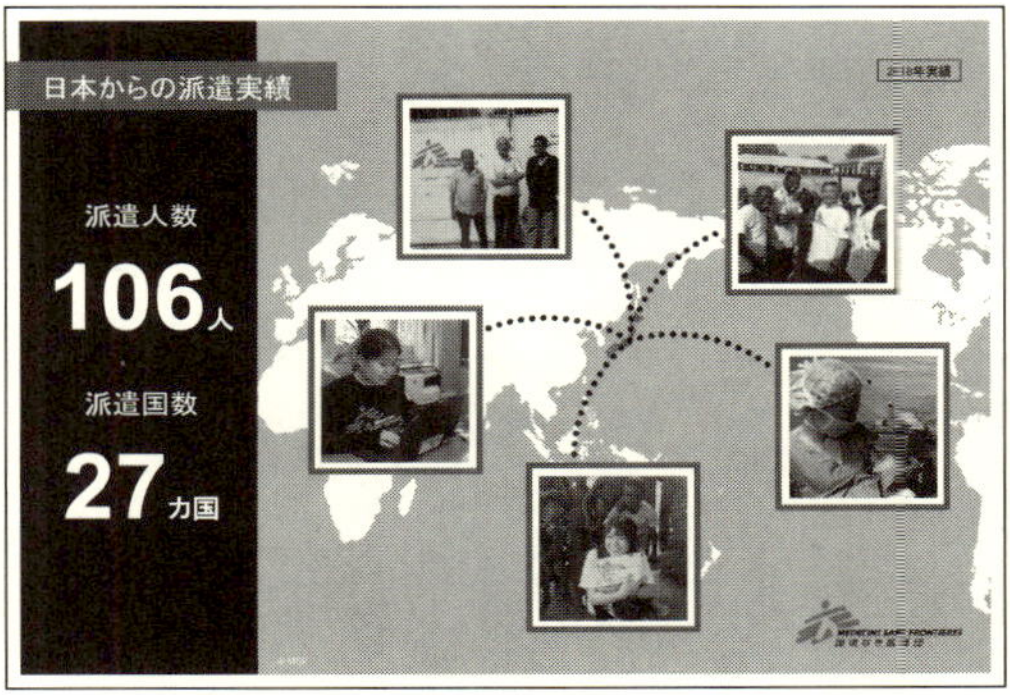

日本からの派遣実績

です。その中の一〇六人というのは決して多くはありません。

これには日本の雇用環境がネックになっています。医師をはじめ医療者はまだ活動地から日本に帰ってきた後の再就労の選択肢が多いかもしれませんが、特にロジスティシャンやアドミニストレーターの職種の人はそうはいきません。いったん仕事を辞めてからでないとＭＳＦに参加できにくく、またＭＳＦのミッションから帰ってきてからの再就職先、休暇期間中の仕事先を見つけにくいという現状があります。

なぜなら、いまだに日本の社会には、国際協力ＮＧＯ・ＮＰＯでの実務経験をキャリアとしてとらえない風潮が残っているからです。古い考え方ですし、これによって人道援助活動への参加を諦めざるをえないとしたら、あまりにも残念です。

社会全体で慣習を変えなくてはいけません。私たちの意識だけでなく、国の法律を変えるくらいの思い切ったことが必要でしょう。

スタッフの方たちがどのようにキャリア形成しているかは、「MSF日本インタビュー」篇に集まっています。ぜひ読んでみてください。


**活動資金は？**


MSFの三大原則「独立・中立・公平」のお話をしましたね。

この「独立」をもっともよくあらわしているのが、活動資金です。

二〇一八年度、MSF全体の活動資金のなんと九五%が民間からの寄付です。しかも、その九割が個人からです。公的資金の拠出を受けている割合は一%強しかありません。

つまりMSFの活動は、様々な一人ひとりの寄付によって支えられているのです。

寄付者の方は「私が寄付した額はちょっとなので」と言うのですが（そういえば、「はじめに」で私も似たようなことを書きましたっけ……）、とんでもない。その「ちょっと」が集まって、患者さんや難民の方々のためのお薬やベッドや病院となっています。それを私は現地で見るたびに、この世界はまだ捨てたものじゃない、人間の善意を信じられるぞ、と思うのです。

ちなみにMSF日本の収入は、二〇一八年で八九億円でした。そのうち九五%が民間からの寄付、そのうち八八％が個人からの寄付です。全体のうち公的資金の占める割合は二％です。八九億円という額は、ＭＳＦ三八事務局中、七番目です。どうしてだろう、ちょっと誇らしい気持ちになります。

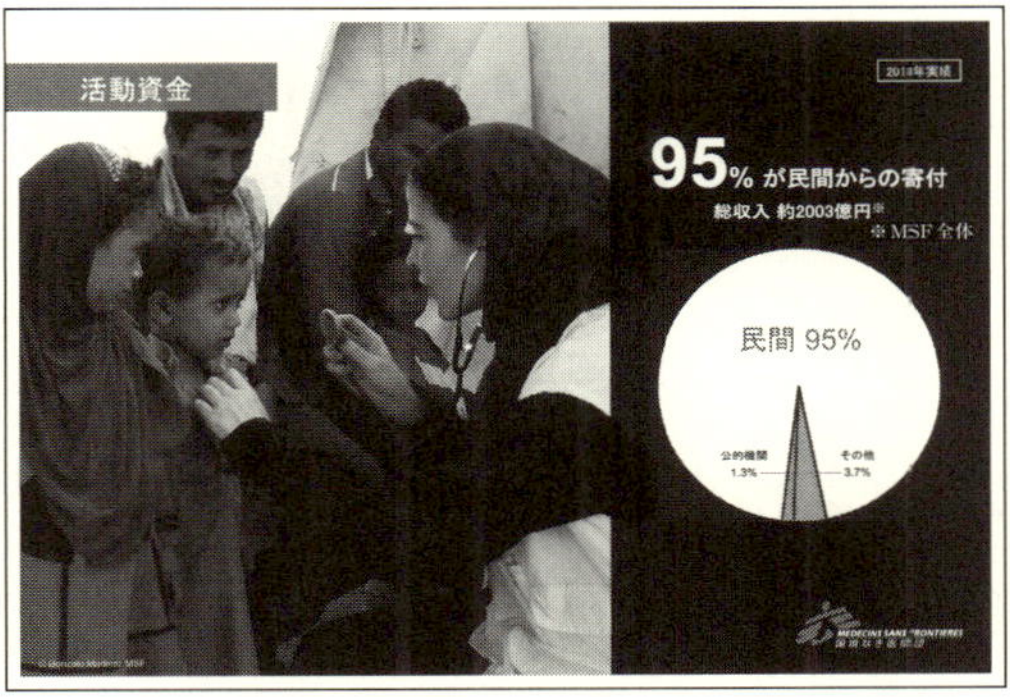

活動資金の内訳

もう一つちなみに、総額が一番多いのはアメリカだそうです。そして総額を人口で割って、一人あたりの寄付額が一番多い計算になるのはスイスです。上位を占めるのはほとんどヨーロッパだそうで、やはり寄付文化が浸透しているのだとわかります。

さて、話を戻しますね。

個人の寄付に依ることで、ＭＳＦは独立性を担保できます。なぜなら、政府や国際機関、あるいは特定の団体が主な支援者であれば、そういった人たちの意向が活動に反映されやすくなってしまうからです。その点、ＭＳＦはそうした干渉を受けずに済みます。

ちなみに他団体と比べた場合、それぞれ役割が違うものの、赤十字国際委員会は公的資金が九四％（二〇一六年）、ユニセフは公的資金が七四％（二〇一七年）ほど入っています。

逆に言うと、ＭＳＦは独立性を保つために、政府の資金援助や企業の寄付を断るケースがあります。

たとえば、武器製造に関連している企業からの寄付は受けません。グループ企業や子会社にその関連があるだけでも受けていないそうです。

また、製薬企業からの寄付も受けていません。資金提供されるとどうしても、利害関係が生じたり、前述したような医薬品に関わる様々な交渉に支障をきたしたりするからです。

さらに、お酒や煙草の製造、ギャンブルに関わる会社です。これらは事務局によって判断が異なるそうですが、ＭＳＦ日本では受け取っていません。

近年ではプロボノ（会社の持っている知識やスキル、経験を活かして社会貢献するボランティア活動）の協力が増えています。弁護士事務所が法務で協力したり、コンサルティング会社やソフトウェア会社がサービスを提供したりしています。ただしこの場合も、企業のロゴを表示するなどの見返りは一切ありません。

ＭＳＦのお金にまつわる話は知れば知るほど厳密で、だからこそ「独立・中立・公平」が実現できるのだなと納得します。精神的な気高さをも感じるところです。

活動資金、特に寄付にまつわることは、第四章「ＭＳＦ日本インタビューⅡ」ファンドレイジング部門の吉田幸治さんと荻野一信さんのお話をぜひ。彼らの具体的な仕事はもちろん、「ちょっと」の寄付者たちがＭＳＦに託す想いまで、初めて耳にしたお話が盛りだくさんです。

# 第二章　ＭＳＦ日本インタビューⅠ

ＭＳＦの世界に具体的に触れるべく、ここからは日本人スタッフ、特に非医療スタッフの方々に語っていただきます。まずはアドミニストレーターの高多さん、ロジスティシャンの吉田さん、リクルートメントオフィサーの鴇田さんです。

お話を聞くため、高田馬場にあるＭＳＦ日本の事務所を訪れました。正直に告白すると、私はむさ苦しい職場を想像していました。けれど、すっきりと白いオフィススペースが広がり、いくつかある多目的室には色の名前が配され、とても快適な環境でした。スタッフたちが集中して働いているのも納得です。

## アドミニストレーター　高多直晴さん

「私が予算を一ドル節約すれば、その一ドルで薬が買えます」

この言葉に目から鱗が落ちた。ＭＳＦはどこもかしこも前線だ。患者さんとつながっていない仕事はない。
〈お金と人材〉を担当するアドミニストレーターがいかに影響力を持つか。働く実感がどこにあるか。きびきびとユーモラスな調子を交えながら高多さんは語ってくれた。

**プロフィール**
一九九三年に電通に入社。コピーライター、営業局、グローバルビジネスセンター等の業務に従事。二〇一八年に同社を退社し、国境なき医師団に参加。これまでケニア共和国のＨＩＶ／エイズ対策プロジェクトで活動。

**ＭＳＦ活動歴**
二〇一八年四～一二月　ケニア・ホーマベイ

## ＨＩＶのソーシャルサポート

人生も後半戦になったので本当に自分のやりたいことを仕事にしたい。海外で人のために働くことだ。そんな思いを強くしてＭＳＦに応募したのは四〇代のときです。
私は二〇代から海外経験があり、大学在学中にアイルランドのセカンダリースクールで教師をしたり、バックパッカーとしてシリアやヨルダンに行ったりしていました。大学卒業後は広告代理店の電通に勤めたのですが、二〇年経った頃にＭＳＦに入ろうと思い立ちました。

海外で活動するＮＧＯは数々ありますが、私がなぜＭＳＦに決めたか。その理由は憲章です。ＭＳＦの憲章（二三一―二四ページ参照）にいたく共感しました。それと活動実績ですね。メディアで紹介されるＭＳＦの活動を見ながら、以前旅したシリアでの活動に自分も関わりたいと思いました。

実は初めての派遣から先月（二〇一九年一月）帰ってきたばかりなんですよ。志望者向けの説明会に参加したのがたった二年前。そこから履歴書を送って、面接を受けて入団して、新人研修を受けて、フランスでアドミニストレーターの事前研修を受けて、派遣に飛び出したのが一年前です。

活動地はケニア、ビクトリア湖畔の街ホーマベイでした。活動内容はＨＩＶプロジェクトです。この地域は住民の二四％がＨＩＶにかかっている、世界有数の流行地です。ホーマベイ郡における年間の新規ＨＩＶ感染者は一万五〇〇三件（二〇一三年）で、日本におけるそれは二〇一八年一年間で九二一件ですから、いかに高い数字かわかってもらえると思います。

一言でＨＩＶと言っても症状は軽度から重度があって、我々がケアするのは重度の患者さん、つまり症状が進行し、免疫力が低下した結果エイズを発症した方たちです。ＨＩＶに感染しても免疫を維持して疾患を発症しなければエイズとは言いません。軽度の症状は薬で抑えることができます。

我々はケニアの保健省と共同でＨＩＶに特化した総合病院の運営に乗り出しました。ＨＩＶは長期間の投薬が必要な病気ですから、入院中だけでなく退院後も長い目でケアを続けます。ただ病院で患者さんを待っているだけが仕事ではありません。遠隔地に出かけて、病院まで来られない患者さんを治療します。また農村部や山村部に出向いて、ＨＩＶ陽性の患者さんを早期発見するためのテストをします。年間で六〇〇〇名ほどがテストを受けました。

それからソーシャルサポートも大事な役割です。ＨＩＶの患者さんは差別を受けてしまうことが多々あります。特に子どもは学校や地域だけでなく、家族からも見放されることがあるんです。母子感染によって生まれたときからＨＩＶ陽性だという子どもは少なくありません。子どもが物心つく頃にもうお母さんが亡くなっていたりして、すると家族の中で子どもだけがＨＩＶ患者として浮いてしまい、家族に見捨てられてストリートチルドレンになってしまうというケースがあります。そういった子どもたちを集めてコミュニティ化します。

意外に思われるかもしれませんが、ＨＩＶの子どもだけを集めるとめざましい効果があります。なぜなら彼らの間にはＨＩＶへの差別や偏見がなく、たがいに相談し共感することができるからです。思春期ともなれば友情を深めて、あるいは恋愛だってしたいですよね。ところが実際はＨＩＶ陽性と陰性の間に壁が立ちはだかっていて、彼らは大いに傷ついてしまうんです。恐れることなく交友関係を深められる場所、社会的なつながりの基盤を作ることが大事なんです。

## 一ドルの予算、一人の人事

私がやっているのはアドミニストレーター（アドミン）という職種です。ＭＳＦのホームページを見ると〈「お金と人材」を司る財務・人事のエキスパート〉とあります。よくわからないですよね。私もＭＳＦに入る前は英和辞書でAdministratorと引いては、「管理者」「提督」という文字に首を傾げていました。だって会社に管理者なんていないし、提督なんて会ったことがありません。

アドミニストレーターは一般企業で言う経理と人事にあたります。経理はわかりやすいですね。予算作成と会計管理です。メディカルチームと相談しながらプロジェクトの予算案を作って提出します。そしてプロジェクトが現地で始まれば収支管理をします。

ちょっと変わったところだと金庫番をします。日本の会社だったらパソコンのキーボードをパチパチ打って口座を管理できますが、たとえばアフリカではそういったシステムがうまく使えないことがあります。私がホーマベイに着いてすぐ、なんと我々の銀行口座が凍結されてしまいました。怪しいNGOの銀行口座を凍結するのだと大統領が選挙のときに公約して、それが実行されたということでした。紛争地などでは珍しくないことで、国外からの資金の流れが警戒されるんですね。キーボードをパチパチでなく、金庫を鍵でカチャカチャ開け閉めして現金を動かしていました。

人事は、スタッフの採用、解雇、給料の支払い、人事案作成、福利厚生などが仕事です。

ホーマベイで大変だったのは採用と解雇でした。アフリカではどの地域でもそうですが、ケニアもやはり失業率が高くて雇用が不安定です。そんな中、MSFは賃金を給料日どおりにきちんと支払うので、外資系のお金持ちの団体だと思われているんです。MSFは人気の就業先で、国内スタッフを募集すると膨大な数の履歴書が送られてきます。掃除、料理、看護の募集に各一〇〇通ほど、一番多かったのが検査室のマネージャーで七〇

○通が届きました。すべての履歴書に目を通して採用を行っていくのもアドミンの仕事です。

もっと難しいのが解雇でしたね。解雇の理由は二種類あって、一つ目は一般的によくあるもので、プロジェクトの推移によって起きます。たとえば活動の規模を小さくするときやプロジェクトを畳むとき、前もって通達します。

二つ目が不正です。スタッフが薬剤やガソリンをくすねて転売してしまうことがあるんです。ＭＳＦで働いている全員が聖人君子というわけではありませんから、こういうことは起きます。これには貧困地域の事情があって、「子どもの入学金が足りなかったから」と言った元スタッフもいました。不正が行われた場合は基本的に解雇します。

たった一ドルが物事を動かす。そのことを私は肝に銘じています。

アドミンはお金と人を管理しています。私が予算を一ドル節約すれば、その一ドルで薬が買えます。怠けてばかりの看護師さんでなく働き者の看護師さんを雇えば、現場の医療能力が上がります。その分たくさんの患者さんを救えるんです。

アドミンは医師でも看護師でもなく、医療行為を行うことはありません。でも我々の仕事は患者さんに大きな影響を与えます。たった一ドルの予算、たった一人の人事、その重みを実感する職場です。またその重みが私のモチベーションになっています。

## 宿舎の生活

「大変だよ。シリアでまた空爆があった」。こう口にしてどんな反応が返ってくるでしょうか。広告代理店時代に同僚に話しても「へえ、そうなんだ」と言われるくらいで、誰にも共感してもらえませんでした。でも今は違います。「ニュースで見たよ。大変なことだ」「僕は去年シリアに行ってたんだけどさ……」「俺もだ。あの地域は……」というふうに会話が続いていく。ホーマベイでチームメンバーと食事をしながらよく話しました。それが当たり前の風景で、とても居心地がよかったんです。同じ志を持ったメンバーと仕事をするのは楽しいですね。

多国籍の老若男女が一つの場所に暮らします。朝歯磨きをしていると体にバスタオルを巻きつけた六〇代のドクターが「パンツ忘れちゃったよ」とバスルームから出てくる。どこかラフで穏やかな時間がありました。そういえば、ホーマベイではランチが給食だったのでスタッフはみんな同じものを食べていました。好き嫌いが多いとダイエットになりますが、私は順調に太りましたね。

緊急援助か長期援助かで生活ぶりは変わってきます。シリアやイエメンなどの緊急援助では外出できない場合がありますが、ホーマベイではわりあい緩やかに生活できました。ベッドと机と棚のある個室を与えられて、そこから庭で飼っている鶏を眺めたり。自分たちで買い物に行って、マーケットで仕入れた食材で自炊をして、ときにはロウソクを灯したテーブルをみんなで囲んだりして。突然の停電でロウソクを灯さないといけない局面もあるんですけどね。

**ラフネス・タフネス・ワイルドネス**

派遣地での生活は常に緊迫しているというわけではなくて、時間に緩急がある感じです。張り合いがありますね。息を抜くときに抜いてこそ仕事に励むことができる。ちょっとラフに構えておくのが私の秘訣です。

テレビで眺めていたときは「爆弾が降り注ぐ下で命をかけて人道援助をしている人たち」というイメージでMSFをとらえていました。もちろん実際にそういう現場もあります。でもハードな状況を支えているのは普通の人たちで、その一人ひとりに背景があるんですよね。自分が派遣されてみてわかりました。

スウェーデンから派遣された医師のおばちゃんを思い出します。

「離婚して落ち込んじゃってさ。心機一転、海外で働こうと思って来たのよ」

現場で走りまわる腕利きの医師が、一緒に酒を飲むと等身大の愚痴をこぼします。なんだか新橋の居酒屋と変わらない風景ですよね。ありきたりの個人が参加して、個人と個人が日々向き合って活動しています。

みんなが高邁で立派な人たちなわけじゃない。そう思うと肩の力が抜けました。そしておばちゃんみたいにラフでタフでワイルドなMSFの猛者になりたいと思いました。

## ロジスティシャン　吉田由希子さん

「実はあたし、海外派遣をやめるんです」と言われてたじろいだ。でも吉田さんはさらなる援助活動の道を進もうとしているのだった。「人生においてMSFと関わっていきたいです」と彼女は高らかに宣言した。

関西訛りですみませんと恐縮しながら、粘り強く丁寧に語ってくれる。ロジスティシャンの役割が見える気がした。

**プロフィール**

二〇〇一年大学卒業後、サービス業に従事。二〇一〇年より人道援助活動に参加。ザンビア、インド、東日本大震災での活動を経て、二〇一二年よりMSFの活動に参加。これまでにイラク、ヨルダン、南スーダン、シエラレオネなど一二回の派遣を重ねる。

**MSF活動歴**

二〇一二年七〜八月　南スーダン
二〇一二年九〜一二月　エチオピア
二〇一三年四〜一二月　イラク
二〇一四年三〜六月　トルコ（シリアミッション）
二〇一四年八〜一〇月　南スーダン
二〇一四年一一月〜二〇一五年二月　シエラレオネ
二〇一五年三〜七月　南スーダン
二〇一五年九月〜二〇一六年四月　ヨルダン

二〇一六年六～一〇月　トルコ（シリアミッション）
二〇一六年一二月～二〇一七年四月　ナイジェリア
二〇一七年九～一二月　バングラデシュ
二〇一八年五～一〇月　スーダン

**逞しき裏方**

ロジスティシャン、通称ログはメディカルチームが医療活動に集中するための仕事で、医療、人事や財務以外を担当すると思うてくれたらいいです。病院、オフィス、チームが滞在する宿舎、ＭＳＦがいるところすべてがログの職場になります。具体的には、建物の電気系統、発電機、衛星電話の設定と管理、車両整備と配車計画、給排水システムの構築とメンテナンス、医療機器のメンテナンス、薬剤の運搬と管理、ＩＴ機器やラジオの設定、病院や倉庫の建設やレンタル、物資調達などがあります。はい、裏方全般をログは任されています。

水の確保も絶対に欠かせません。清潔な水がなければ患者さんもスタッフも生きていけませんし、医療活動も行えません。ＭＳＦの施設には必ずタンクを設置して、塩素消毒した水をパイプで各所へ送ります。病院の衛生管理や感染症予防対策を組むのにも、メディカルチームとともにログも関わります。

ラジオというのは無線のことです。携帯電話の電波が不安定な場所も多々ありますので、そういう地域ではトランシーバーを使って連絡を取り合います。スタッフの居場所を逐一確認して、チームの安全をしっかり管理するのもログの大切な仕事です。

緊急事態の予測と対策を立てたり、避難計画に関する立案にも関わります。情報収集とともに、プロジェクト周辺の動向や過去の事例から危険分析していきます。その地域にあるリスクをなくすのはあたしらの力では難しいですが、それを軽減し対処するには何ができるか。一つずつリスク項目を挙げてガイドラインやプロット構成をもとに、危険緩和策を実施していきます。

どれだけ危険緩和策を実施しても、突然ドンパチが起こってしまうことがあるんですよね。ごく稀にですけどね。それに備えて危険度をレベル分けして、避難経路を確保したり、メディカルチームとの連絡網を準備したり、とにかく前もって準備しておきます。オフィスに銃弾が貫通しないようにしたり、爆撃が激しくなったときのために防空壕などを作ったりもするんですよ。

## 経験で学んでいくポジション

あたしはＭＳＦに入って、南スーダン、シエラレオネ、バングラデシュなど、一〇ヵ国ほどのミッションに参加しました。

南スーダンでは北東部マラカルに行きました。当時、首都ジュバは政府軍と反政府軍の紛争が勃発して、それが民族間紛争に発展して全国に広がってしまいました。以前からＭＳＦはマラカルで地元の病院のサポートをしていたんですけど、市街地が戦場になってしまって住民がみんな国連基地を目指して逃げました。ＭＳＦはすぐに国連基地内にテントを設けて、緊急医療援助活動を開始しました。ログは、そのために必要なすべてのものを最速で用意できるよう全力を尽くします。緊急援助はスピード重視です。

こういったあわただしい状況の中でもプロジェクトの責任者からは全体状況と対策が常に共有されます。その上で、何が必要で、何が優先かを見きわめ、各自が自身の役割を認識した上でチームが一つの目標に向かって活動します。マラカルで緊急援助から継続援助へと移行する時期には、主に質の向上を目標にして、スタンダードの実施計画と現地スタッフに対する各種分野のトレーニング、病院の衛生管理の向上に取り組みました。現地の治安状況は流動的で、ちょうどコレラが発生しやすい時期でもあったので、緊急プランの構築、見直しもありました。

ログは守備範囲が広いので驚かれたかもしれませんけど、これを全部一人でやるわけではないので安心してくださいね。すべてチームでの仕事です。チーム構成はプロジェクトによって変わりますが、必ず現地の国内スタッフが一五人から五〇人ついて、全体で二〇〇人ほどになります。それと別に首都にサポートチームがいますし、技術面は専門性の高いコーディネーターが支えますので、サポート体制は十分に組まれています。

それからログの全分野にマニュアルがしっかりあります。これもＭＳＦの蓄積ですね。あたしは専門知識のあるスペシャリストロジスティシャンでなく、ジェネラルロジスティシャンとして入ったんです。ＭＳＦに入る前にアフリカでの活動と東日本大震災の援助活動をやっていたので水衛生は多少知識がありましたけど、電気や建築についてはまるでわかりませんでした。でも派遣前に全分野について一週間ほどのトレーニングを受けます。それから派遣先に行ってからもトレーニングを受ける機会があり、派遣前よりも詳しく学べます。ジェネラルロジスティシャンは現場で学習していくことが多いポジションです。

ログの仕事は目標全部を派遣期間でやりきろうとしても無理です。なんぼ一生懸命やろうと思うてもできないことは山のように残ります。それは次に派遣されるログにハンドオーバーして、プロジェクトを続けていく。自分がいる間にできるかぎり着実にやるのが大事です。

## MSFと関わる人生

MSFのログの特徴は、独立財源だからこそ枠にあらかじめの制限がないことです。つまり必要なところに必要なものを自分たちの判断で提供できます。チームの意思が尊重されているので議論も活発ですし、意思決定も素早くできます。

あたしはMSFで多様性と柔軟性を学びました。異なる人種と文化と土地に触れている仲間が世界各国から集まります。個人が責任を持って働けることの喜び、仲間と目標を共有できる喜び、チーム力を実感できる喜びがあります。日本では経験できないことがたくさんあって、自己成長をさせてもらいました。今日も世界のあちこちに危機的な状況がありますが、それでも力強く希望を捨てずにやっている仲間がいる。その思いを共にしているからこそ新たな挑戦がおのずと見えてきます。

実はあたし、派遣をやめるんです。MSFで六年活動して次の目標ができました。日本で社会福祉士の国家試験を目指して学校に通います。でもMSFをやめるわけではなくて、アソシエーションという会員組織には引き続き参加します。そこでは派遣経験者たちが集まって今後のMSFについて話し合うんです。

一〇年後、二〇年後にまた派遣に行きたいと思うかもしれません。MSFには六〇代、七〇代の方もいらっしゃいますからね。あたしは今後も人生においてＭＳＦと関わっていきたいです。

## 人事部リクルートメントオフィサー　鴇田花子さん

「あなた面白い！」

人事部の鴇田さんは採用面接をしながら心の中で叫んでいる。多種多様なバックグラウンドを持った人がＭＳＦに応募してくる。一人ひとりの話に耳を傾けていると、人間の持つ奥行きに頼もしい気持ちになるのだろう。

採用プロセスについて聞いた。鴇田さんはしゃきしゃきと事務的に説明したつもりかもしれないけれど、そこにＭＳＦの思想がきらきらと輝いていた。

鴇田さん、あなた面白い！

**プロフィール**

米国大学日本校職員、メディアプロジェクト日本語エディターなどを経て、二〇一三年より国境なき医師団日本事務局で、必須医薬品キャンペーンのアドボカシー・キャンペーンオフィサーを務める。二〇一七年より人事部にて海外派遣スタッフ採用活動を担当。

## MSFが求める人

ＭＳＦについて知りたいという方はぜひ説明会にもいらしてください。一年に八回、東京、大阪、名古屋、福岡、長崎で行っています。中でも東京の説明会は全国各地からいらっしゃって、「近畿から日帰りで」と新幹線で駆けつけた方や、「さっきバンコクから帰国したばかりだよ」と羽田空港から直行された方などもいましたよ。関心を持っていただけてうれしいです。

各種技能職をされてきた方をはじめ、ＩＴ関連の方や学生の方も多くいらっしゃいます。近年は特に定年退職後の方、育児をひと段落された女性などが増えています。

さて、採用プロセスについて簡単にお話ししていきますね。

MSFが募集している職種には医療職と非医療職があります。医療職は文字どおり、医療行為を行う医師や看護師です。非医療職は様々な仕事があるのですが、求められることは二つ。実務経験があることと、MSFの活動理念に賛同いただけていることです。

「年齢制限はありますか?」とよく質問されるのですが、ありません。「ほんとですか?!」と聞き返されますが、本当です。MSFでは六〇代も七〇代も働いています。

次によく聞かれるのが「資格は必要ですか?」。いいえ、必要ではありません。たとえば電気工事士や看護師の資格を持っているんだけれども実際に働いたことはないという方もいらっしゃいますよね。MSFが見ているのは実務経験なので、これまでどんな仕事をどんなふうにしてきたのかをお聞きします。

欠かせないのが英語かフランス語、もしくはその両方ができることです。MSFはプロジェクトごとに使う言語を英語かフランス語に定めているので、どちらかの言語ができないとプロジェクトに参加できません。

「TOEIC(国際コミュニケーション英語能力テスト)で何点以上なら合格ですか?」というのも定番の質問です。書類選考後に語学テストがありますが、必要なのはテストの点数だけでなく、その言語で仕事ができること。簡単な単語でもいいから、自分の考えていることを正しく相手に伝えられて、相手の言っていることを理解できることが重要です。資質としてはまず、異文化への適応力とチームワークがあるのが望ましいです。MSFは外国から来たたくさんの人たちと仕事をしますから、しなやかに協働できる人がいいですね。

それと二つのマネジメント力も。一つ目はチームリーダーとして働いた経験です。非医療者はどの職種も必ずマネージャーとして派遣されますから、これまでチームをどのように率いたか、後輩や部下とどのように仕事をしていたかという経験がものを言います。

二つ目はストレスマネジメントです。危険な地域で暮らすこともあります。派遣先によってはMSFの宿舎の中でしか生活できないこともあります。自分のストレスを緩和する方法を持っておきたいですね。

**落とすための選考ではない**

まずは書類選考に応募していただいて、それが通ったら面接です。面接は英語かフランス語のどちらかで六〇分行います。

実務経験を詳しく聞いていくとともに、コミュニケーション力を見ます。

これは声を大にして言っておきたいのですが、MSFの採用プロセスは「落とすための選考」ではありません。実務経験などの要件を設けているのは、採用して派遣されたらすぐに仕事をしていただきたいからです。ＭＳＦの任務は、現地に行ってから技術を学ぼうというのでは間に合わないんですよね。

どうか一度の選考で諦めないでください。私たちは「英語力を伸ばすといいですね」とか「もう数年、職務経験を積まれませんか」とアドバイスをしますし、数年にわたって相談しながら進めることもありますから。

面接を通過したら正式登録に入ります。各種免許証や健康保険証、パスポートのコピーなどを提出していただいて、すべてが確認できたら正式登録になります。

出発前に研修があります。まず日本事務局で三日間の研修。その後、ロジスティシャンとアドミニストレーターについてはヨーロッパでの一週間の研修があります。この二つの研修が終わって初めて派遣が可能になります。

派遣地の希望は受け付けていません。ただ一点だけ、セキュリティに関して不安という理由であればノーを言えます。派遣に応じられる期間を伝えていただいて、そのスケジュールと経歴に合うポジションを事務局がマッチングします。

派遣先が決まったら事務局が航空券やビザの手配をします。ビザ申請から取得までに一週間から数ヵ月と国によって開きがあるので、出発まで時間がかかることがあります。

出発が決まればブリーフィングです。現地の情報やＭＳＦの内部規定などをひととおり私たちからお話しします。これが終われば出発です。

ボランティアという言い方をされることもありますが、プロとして働いていただきますので給料をお支払いしています。派遣にともなう諸費用についても、往復航空券、予防接種や健康診断など、ＭＳＦが負担します。現地でかかる食費や居住費もＭＳＦでカバーしますし、医療保険もＭＳＦで加入します。派遣が二ヵ月以上の場合、社会保険に加入します。

## あなたが即戦力

人事担当として私は説明会や面接でいろんな人に会います。なるべくポーカーフェイスで通していますけど、心の中で「あなた、面白い！」と叫ぶんですよ。思わず声を上げそうになるくらい多種多様な人が来るんです。

ある方はセールスマンを一〇年続けたけどどうしてもＭＳＦに入りたくて、なんとそこから勉強して医学部に入ったそうです。外科医の資格を取って、晴れてＭＳＦの説明会に来てくださって、そこで「なんだ、一〇年前にアドミニストレーターで入れたのか！」と驚かれたといいます。遠回りされましたけど無駄な一〇年ではなかったですよね。ちょっと胸を打たれました。

一方、最短距離を目指す医学部の学生さんもいました。医師の応募条件は非医療者よりも細かく決められていて、医師免許を持っていても歯科医や耳鼻科医は募集していませんし、専門医としての臨床経験を重視します。ですからたとえば「産婦人科医として経験を積んだけれど、麻酔科医としてMSFに入りたい」というケースだと採用が難しいんです。彼は早い段階から採用プロセスやその傾向を視野に入れて、専門や研修先を計画的に選択していました。なんて意欲が高いんだろうと。それに知恵者ですよね。

先ほども触れましたが、「退職後、ここで仕事をしたいと思いました」「子どもの手が離れたので来ました。ずっとここに来たかったんです」と、第二の人生としてMSFを目指してくださる方が近年増えています。もう大歓迎です。

年齢を重ねた方はその分だけ経験を積まれていますし、人を統率する力も鍛えられています。だから即戦力なんです。

特に医師ですと、六〇代の方は今ほどに高度な医療物資や機器のない時代を経験されていますから、貧しい地域の活動にも身が入りますよね。それに今は医療が細分化されていて、専門性を高められる反面、専門外のことを学べる機会が乏しかったりもします。ですから経験豊富な医師のほうが派遣先の限られた機器に対応してくださるんです。

第一の人生にＭＳＦを選ぶ人もいれば、第二の人生でＭＳＦにやって来る人もいる。第三の人生もありますよね。ＭＳＦに入った後に国連に行く人、ゲストハウスを経営する人、大学院に留学する人など様々います。なんだかＭＳＦを介して人生が広がっていく感じがしませんか？　ＭＳＦって面白いですよね。

ＭＳＦが求めている能力は多種多様です。だから多種多様な方が来てくださるんだと思います。私はこれからも面白い人に出会い、一緒に働けることを期待しています。

# 第三章　現地ルポⅠ

前章では非医療スタッフの生の声を聞いていただきました。いかがでしたか？「お医者さんしかいないんでしょ？」と言われる「国境なき医師団」で、非医療スタッフがいかに重要か、わかっていただけたかと思います。

ここからは「現地ルポ」篇、私の取材紀行です。ＭＳＦの活動地でじかに見たことをお話しします。

## ハイチ

最初の取材地はハイチ。私が思い描いていた「医療活動」よりも広く長い活動がそこにありました。ＭＳＦは瀕死の命を治すだけでなく、誕生する命を助け、感染症や性暴力被害に苦しむ人のアフターケアも行っていたのです。

## 暗号と注射

二〇一六年三月、出発日が迫るものの、行き先がなかなか決まりませんでした。あと一週間というところで、MSF日本の広報（当時）の谷口博子さんから連絡を受けました。

「現地での安全策の準備をお願いいたします。いとうさんしか知らない単語を紙に書いてください。それを封筒に入れて弊団に預けてください」

この紙は「プルーフ・オブ・ライフ」と呼ばれています。直訳すれば「生命の証明」。これが使われる局面はただ一つ、私が誘拐されたときです。

ある集団から連絡が届く。私だけが知る「単語」が取り交わされる。すると本当にその集団が私の身柄を確保しているのだと判断できる。——ちょっと現実味がなくて、スパイ映画の一幕に放り込まれた気分でした。

初めてお会いしたとき、谷口さんが毅然として言ったことを思い出します。「きちんと安全を確保できると判断しなければ人員を送りません」。そうなんです。MSFは様々な事態を幅広く想定して、「安全」のための仕組みを構築しています。

私の「プルーフ・オブ・ライフ」にふさわしい単語は何だろう。愛飲しているコーヒーの銘柄？　昔飼っていたハムスターの名前？　モンティ・パイソンでいちばん好きなコント？

考えるほど取るに足らない単語ばかり浮かんで、あたりまえの日常が愛しくもあり、これから起きるかもしれない非日常に背筋が伸びました。悩んだ末に書いた私の単語は……秘密です。あの封筒、今は誰が持っているのかな。

もう一つの欠かせない準備として、破傷風、チフス、A型肝炎、いくつかのワクチンを打ちました。これも「安全」のため。自分の体を守るためでもありますが、活動地に病原体を持ち込まないため、感染を広げないためでもあります。

## ハイチの歴史

かつてハイチは植民地でした。

一七九一年、中米ハイチでは、アフリカから数百年間連れて来られ続け、労働させられ続けていた黒人奴隷たちが大量に脱走し、蜂起しました。その頃、宗主国フランスは革命のまっただ中。けれどフランスはハイチの黒人革命を認めようとしませんでした。この混乱に色めき立ったのはイギリスやスペインで、今が好機とばかりに反革命運動を起こしてフランスの植民地を奪いにかかります。

フランスがとった戦略は実に皮肉なものです。黒人奴隷に武器を与えてイギリスやスペインと戦わせることにしたのです。この戦略を実行するために、フランスは一七九三年に奴隷解放宣言を公布、一七九四年に全植民地での奴隷制廃止を決議しました。

ハイチでは七〇万人の奴隷が一気に解放されました。そこで彼らはフランスに反旗を翻し、独立を勝ち取ったのです。

中米で初めての独立国、しかも世界で唯一成功した奴隷革命とも言われます。

ところが一八〇一年、フランスのナポレオンが遠征軍をハイチに送り、奴隷制復活を狙います。そしてハイチ側の指導者トゥサン・ルヴェルチュールを騙し討ちにし、フランスにおびき寄せて監獄で殺してしまいます。

ちなみに、トゥサン・ルヴェルチュールが主導して作った憲法があります。そこには「人に隷属することとは永久に廃止される」とある。まるで人権宣言の先駆けです。

さて一八〇二年、ナポレオンに対抗してハイチで革命軍が立ち上がります。奴隷であった黒人、そして現地の白人との間に生まれた混血ムラートが団結したのです。

ハイチ革命軍は連戦連勝し、一八〇三年にフランス軍が完全敗北、一八〇四年には総司令官デサリーヌらが「フランス支配のもとで生きるより死を選ぶことを、未来の人々と世界に誓う」と独立を宣言します。血のたぎるような宣言文ですね。

しかし、ハイチは他国から独立を認めてもらえませんでした。

アメリカは世界最初の独立宣言をした国であるにもかかわらず、ハイチの影響によって完全な奴隷解放が行われることを恐れて、ハイチの独立宣言を無視しました。旧宗主国フランスは、独立を認めるかわりに多額の賠償金をハイチに要求しました。ハイチは苦難の歴史をたどります。

貧困がたえず蔓延します。

かつてハイチにはコーヒーや砂糖作りという産業があったけれども、それは宗主国が奴隷貿易を介して作り上げたものであり、彼ら自身の経済を支えるものではありません。その上、賠償金のためにさらなる借金を課せられました。

以後も、政治がたえず不安定な状態です。

二一世紀になっても、大統領選をめぐって反政府勢力が蜂起し、不正選挙だと言って世界銀行が援助を停止し、多国籍暫定軍（アメリカ中心の多国籍軍）が駐留し、国際派遣団が入ってきます。

二〇〇四年には森林伐採の影響もあってハリケーンで二〇〇〇人が亡くなりました。その上、二〇一〇年に大地震が起きました。治安は悪化しています。

「彼らは今ひどく疲弊している。海外から多くの者が来たが、みなハイチ人の写真を撮り、あれこれ約束し、結果何もしないということの繰り返しだ。だから大きな鬱憤がたまっているんだ。しかし、この鬱憤は今だけのものじゃない。ハイチの歴史を知ればわかる」

MSFスタッフ、ポール・ブロックマンが投げかけた言葉です。ポールはアメリカから来た五〇代後半の白人男性で、OCAハイチ・コーディネーション・オフィスのトップであり、活動責任者として産科救急センター、コレラ緊急対策センター、性暴力被害者専門クリニックを統轄しています。

ハイチには伝統がある。権力はムラートに集中し、黒人は支配下に置かれているが、しかし黒人たちの間には誇り高き不服従の精神が受け継がれている。本来なら、ハイチは全世界から尊敬されるべきなのに……。

今思うと、ポールの言葉はとても活動責任者らしい考え方でした。彼らは土地の歴史を理解し、敬意を払って現地の人と交渉します。そうしなければ医療活動が、医療という倫理が、現地に根づくことがないからです。

「震災直後と違って、我々MSFは他の団体とは異なる働きをすべきだと思う」と、ポールは言いました。

**敬意の道**

ポルトープランスの小さな空港に降り立つと、人いきれに飲まれそうでした。発展途上国では見慣れた光景ですが、「タクシーはどうだ？」と客引きの男たちが話しかけてきます。

「ＭＳＦはどこですか？」と同行した広報が一人の黒人女性に聞きました。女性が背後を指さし「ＭＳＦ！」と叫ぶと、白いベストに赤字で「MEDECINS SANS FRONTIERES」と印刷されたドライバーが手を振りました。

もう客引きは話しかけてきませんでした。私たちが観光客でないと判明したからかもしれませんが、「ＭＳＦ！」と響いた瞬間に空気が変わり、この人たちの進路を妨げてはいけない、という意思が広がるのを感じました。まるで敬意の合言葉のように発せられる「ＭＳＦ！」を、私はその後も耳にしました。

ＯＣＡハイチ・コーディネーション・オフィスに向かうため、四駆車に乗り込みます。移動の際は逐一センターに連絡を入れます。今誰がどこにいるかは漏らさず把握されなければいけません。各人の安全確保のためであり、緊急時に迅速な指示系統を組むためです。

なおかつ盗聴に備えて、行き先の名はすべてコードネームで呼びます。「ＯＣＡのハイチ・コーディネーション・オフィス」は「木漏れ日の別荘」、「ＯＣＰのウガンダ・コーディネーション・オフィス」は「せせらぎのカフェ」といった具合です。小粋でしょう？　でもこれは仮名です。ここで本当のコードネームを明かすわけにはいかないので。実際はもっと洒落ていて、思わず口を滑らせそうになるほどです。

今思うと、これもロジスティシャンが張り巡らせてくれている安全網だったんですね。ＭＳＦには危険を予測して作られた規則がたくさんあります。

ハイチ・コーディネーション・オフィスは驚くほど静かでした。ＭＳＦの拠点は常に騒々しく人が立ち働いているものだと思っていたのですが。

部屋の扉がすべて開かれ、室内は薄暗く、自然の風が通り抜けます。もとより生活空間を磨いて明るくする習慣がハイチにはないのですが、浪費できるほどの電力もなく、スタッフもエアコンを使う気がないのでした。

壁掛けのカレンダーに私と広報の名前が書かれていましたが、誰かが出迎えてくれる様子はありません。たまたま通りがかった活動責任者のポールが受付をしてくれました。

余計な虚礼や上下関係がないのです。そっけなさを心地よく感じました。

滞在中、私もスタッフの宿舎に泊まります。

宿舎はオフィスから車で一五分ほど登った山の邸宅群の中にありました。鉄扉が開くと山肌に庭があり、芝生の緑とブーゲンビリアの赤が鮮やかで、まるで優雅な別荘のようです。

でもやはり、次々に交替していくスタッフたちの生活拠点です。二階建ての中に多くの部屋が並び、シャワーやトイレが複数置かれ、充実したキッチンが設けられています。庭を囲む塀の上には鉄条網が巻かれており、入り口脇にはガードマンが控える小屋がありました。内側が優雅に見えても、外は緊張に支配されています。

ふとガードマンが丸腰だと気づいたとき、「MSFの施設に入るにはあらゆる武器を放棄しなくてはいけないんです」と広報の谷口さんが教えてくれました。ロジスティシャンたちが構築している非武装のセキュリティシステムです。なんて難しく気高い課題だろうと思いました。

**コンテナ・ホスピタル**

宿舎を出て、ポルトープランス東部のタバル地区にあるナプ・ケンベセンターというMSFの巨大病院に向かいます。通称「コンテナ・ホスピタル」、広大な敷地に白いコンテナが整然と並んでいます。

急を要して建てられた施設で、コンテナを並べてつなげるという見事な発想が具現化していました。建築や工事のエクスパット（外国人派遣スタッフ）たちが大活躍したことでしょう。

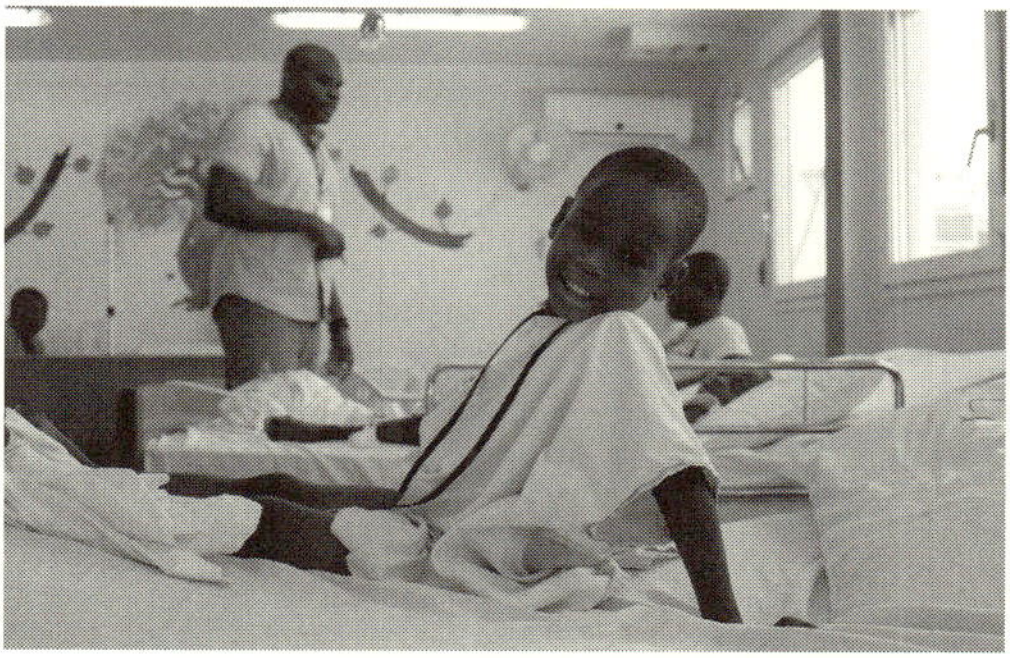

「コンテナ・ホスピタル」の小児科病棟（筆者撮影。以下同）

ハイチ地震の二年後の二〇一二年に開院し、一二一の病床を構え、毎月六〇〇件の手術を行っています。スタッフは五〇〇人、うち外国人派遣は二〇人。運営はOCBです。

ハイチでは地震以前から社会的なインフラが整っておらず、交通事故や燃料事故（やけど）による外傷治療のニーズが大きくあり、また小児科の病床も不足していました。その受け皿にもなっています。

コンテナ群の横でゴーゴーと音を立てている大きなタンクが目に留まりました。水です。飲料水、手術や器具の洗浄水、洗濯用水と分けられています。

「これのおかげで医療ができるのだ」とベルギー人の麻酔医ジャック・マッソーは言います。医師や看護師だけでは足りません。スタッフの輸送、薬剤の管理、施設の建設や修理、水の確保のための工事があって医療活動が成り立つのです。

玄関にトリアージのための場所があります。多数の患者さんが運び込まれたとき、状態に応じて緊急か経過観察かなどを判断します。

続いて、骨折を治療する部屋、生化学検査室、輸血を取り扱う部屋、レントゲン室、理学療法室、小児科のベッド、食堂などがあります。コンテナの外観から想像がつかないほど、中は設備が充実していて驚きました。

**スラムの救急センター**

マルティッサン救急・容態安定化センターに向かいます。

テントが密集する区画を通りました。凄まじい人混みに煙と埃がもうもうと舞っていて、そこは昔、奴隷が売買されていた市場だと教わりました。身分はとっくに解放されていますが、今も貧しい人たちが集まってあらゆるものを売っています。

ハイチの「三大スラム街」の中にマルティッサン救急・容態安定化センターはあります。「ギャング同士の銃撃戦」が発生している地域だと、当時の日本外務省のページに書かれていました。

センターに着くと、車庫の白い壁に赤いペンキで「MEDECINS SANS FRONTIERES」の文字とともに、「小銃の絵とバツ印」が描かれています。すべての武器を放棄して入ること。MSFの大切な思想をあらわすピクトグラムです。

ここが他の活動地と少し事情が異なるのは、武器を持つほとんどが政治勢力でなく、ギャングだという点です。MSFはマフィアの抗争が絶えない地域で無料医療を行っています。

手狭な空間に見えました。コンクリの壁や床に木の机や椅子が並んでいて、幼少期に見た小さな医院のようです。スタッフが二〇人、うち外国人派遣スタッフが六人。この人数で年間六万人の患者を診ているというから驚きます。

さらに「一日に銃傷病者が三人」という数字に、この場所の危険性があらわれています。

「銃傷病者を診たスタッフがリストアップされ、あとで心理ケアを受けることもかつてはあったんですよ」と、フランス人女性のプロジェクト・コーディネーター、デルフィネ・アグヤナが教えてくれました。傷は患者だけでなく医療者にも残ります。

放射線室、外傷を診る部屋、術後の患者が休む回復室などを見てまわって、小児の経過観察の部屋に入りました。九床のベッドに、三組の母子。現地スタッフの女性看護師二人が静かに見守っています。

貧血、肺炎、栄養失調、髄膜炎など、子どもたちの病名に貧しい状況がうかがえます。

「ハイチ保健省と合同で運営する七二床の病院の計画を進めているところです」と、デルフィネ。

「早くできてくれればと思うよ。自分たちの施設だけで未熟児を診ているのにはもう限界があるからね」と、ベルギー人の小児科医ダーン・ヴァンブリュッセレン。

ここには被災者だけでなく、その後に生まれる患者もたくさんいます。緊急医療援助組織であるＭＳＦはやがて撤退しますが、その後も医療体制が安定して継続していけるように、現場がどのような状態かを分析調査して世界に発信するとともに、その情報をもとに関係機関と交渉するのです。

先々まで見渡した課題にＭＳＦは取り組んでいます。それは私が想像していた「緊急」よりずっと広く長いものでした。「震災直後と違って、我々ＭＳＦは他の団体とは異なる働きをすべきだと思う」というポールの言葉が響きます。

## コレラ病棟

メインの施設を出て、「PANSMAN」と看板が掲げられた病棟に移ります。「PANSMAN」はハイチのクレオール語（他言語と混ざってできた言葉）で「包帯」。包帯を替えたり抜糸をしたり、処置室で患者さんが木の椅子に座って順番を待っていました。一日平均五〇人の患者さんを診るそうです。

灰色のテントに入ると、入り口に座った係の人がポンプにつながれたノズルを持って、私たちの靴の裏に白い消毒液をかけました。コレラ病棟です。

土の上に簡易ベッドが並んでいます。ベッドのお尻が当たるところに穴が開いていて、その下にバケツが設置されています。コレラは尋常でない下痢になるので、寝たまま排便できるようにしてあるのですね。

私が行ったのは乾季の終わりだったので、まだ数人の患者しかいませんでした。雨季に入って一二月のピークともなれば、テントに三〇～四〇人が常にひしめきます。

皮肉なことに、コレラはもともとハイチに存在した病気ではなく、二〇一〇年の大地震の後、救助に来た外国人から感染が拡大してしまいました（ＭＳＦが感染源だったわけではないのですが、彼らは入院した四二万人の半数を治療しました）。大地震から約五年間で七〇万人以上が罹患し、およそ九〇〇〇人が死亡しています。

ピーク時の緊張は想像を絶します。ベッドが埋まり、患者が次々に駆け込み、際限なく下痢が出され、スタッフは昼夜なく救護する。そんな苦労とおかまいなしに街にはゴミが浮き、汚水が流れ、衛生状態は悪化します。スタッフは徒労感に襲われることもあるでしょう。

同時に、生まれてくる命のケアまでしています。妊婦がコレラに感染した場合が難しく、隔離をしながら医師の判断で帝王切開か自然分娩かを決めます。責任重大かつ、細やかな観察眼と高い技術力が求められます。

失われる命もあれば、生まれてくる命もある。途方もない現場です。

受付でも、野外トイレでも、壁にポスターがかけられていました。私はクレオール語が読めませんでしたが、絵は訴求力が高くてひと目で意味がわかりました。献血の呼びかけと、トイレでの洗濯禁止です。

素朴な味わいのポスターでしたが、識字率の低いハイチで感染病を食い止める厳しさを見るようでした。

## パーティーの夜

取材一日目の終わり、パーティーに誘われました。

チカイヌという地域にある宿舎にて、週末の屋上パーティー。というと呑気に思われるかもしれませんが、主催者も出席者も派遣スタッフです。

パーティーはスタッフたちのストレスマネジメントを兼ねています。慣れない土地で宿舎と現場の往復生活をする彼らにはレクリエーションが必要です。

パーティー会場である宿舎は、街中のでこぼこした狭い道沿いにありました。アジアのリゾートでバックパッカーが泊まるような簡素な建物で、小さな四角いスペースが階段に沿っていくつも並んでいます。

屋上に出ると、民家の屋根が続く先に低い山並みが見渡せました。すでに七、八人の外国人スタッフが長い木のテーブルを囲んでいます。

どの人も手を上げたり微笑んだりして、実に自然に迎え入れてくれました。ここだけは安全を確保されている。今だけは羽を伸ばすことができる。そんなくつろいだ空気があります。

私はグラスを片手に下手な英語をよくしゃべりました。普段はフランス語で会話しているメンバーたちが英語に付き合ってくれました。

ふと見ると私の他にも一人、片言の英語で話しかけられている人がいました。産科救急センターで活動している看護師の菊地紘子さんです。紘子さんだってフランス語に堪能なのに、なぜ？

気遣いです。メンバーたちは紘子さんが英語も習得したいと願っているのを知っていて、あえて片言の英語で話しかけていたのです。

パーティーはストレスマネジメントのため、おしゃべりは言語習得のため。ここではすべてが何かのためになされているのでした。

カール・ブロイアーの話が心に残っています。

六四歳のカールはなんと初めてのミッションでハイチに来ていました。ドイツでエンジニアとして働いて、MSFを目指したのは六〇歳頃からだと言います。

「そろそろ誰かの役に立つ頃だと思ったんですよ。そして時が満ちた。私はここにいる」

初々しい笑顔で語ってくれました。若さとは年齢ではなく、精神のあり方なのですね。でも、人生の急ターンに家族は反対しなかったのでしょうか。

「応援してくれています。妻とは毎晩スカイプで話しますしね。いつでもいいアドバイスをくれるんです。子どもたちも私を誇りにしてくれています。それにね、私はここにいる人たちと知り合えました。六〇歳になって、こんな素敵な家族がいっぺんにできたんです」

私は感激して、思わず涙を流してしまったものです。夜空の下、新しい家族たちはいつまでも熱心に医療について語り合っていました。

## 空港倉庫と産科救急センター

取材二日目。空港倉庫に向かいます。

壮観でした。天井まで伸びた棚に、びっしりと物資が積み込まれています。段ボールいっぱいのコレラ対策用マスク、畳まれたテント、清潔な飲料水、消毒液、注射器、手術用手袋、乾電池、毛布、ベッドカバー。それぞれにプロジェクト名が書かれて整理されています。

薬剤の多くがインドから運ばれたものでした。現在インドは「途上国の薬局」と呼ばれています。インドは薬剤の特許付与に他国よりも厳しい条件を設けていて、それがジェネリック薬の健全な市場競争を実現しているのです。

ＭＳＦは安定した品質で適正な価格の薬やワクチンを常に必要としています。途上国にとって、また資金の九五％を寄付で運営しているＭＳＦにとって、先進国向けの先発薬は高価すぎます。ですからジェネリック薬の供給は欠かせないのです。

次に向かうのは産科救急センター（ＣＲＵＯ）。

大震災の翌年、二〇一一年三月八日にできた病院です。

「ハイチの出産ピークは一〇月から一月で、それはカーニバルの九ヵ月後なんだよ」

オランダ人のフェルナンド・シッパーズが悪戯っぽい笑顔で教えてくれました。これはジョークでもあり、ピークに合わせてチームの人員を増やすという実務的な話でもあります。

フェリーがコーヒーを出してくれながら、「これもロジスティックの仕事だよ。これがなければ医療もないんだ」と言いました。

コーヒーマシンの洗浄も、緊急治療室の電気も、トイレの下水道も、検査室や手術室に必要な冷房も、すべてロジスティックとサプライチームが用意したものです。医療スタッフがベストを尽くせるための裏方仕事ですね。フェリーはこの医療と非医療の連携を束ねるプロジェクト・コーディネーターであり、ＣＲＵＯの責任者でもあります。

外に連れ出されると、最新式と旧式がないまぜになった光景がありました。医療廃棄物を適正な温度で処理できる新しい焼却炉がある一方、古い馬小屋が物置きとして再利用されています。

「この施設を変えていかなきゃいけない。いつまでも駐留しているのでは目的が違うんだ。今、周囲の病院の能力をつぶさに調べている。我々は土地の医師たちに任せて去れるようにしなければならないからだ。だからこそ、ここＣＲＵＯのカバー率も徐々に減らすように心がけているんだよ。これから三年はかかるだろう。難しいことだが、千里の道も一歩からだ」

フェリーは「千里の道も一歩から」という東洋のことわざを引いて語りました。

ＣＲＵＯの中に入りましょう。

玄関の受付にトリアージを行う場所があり、すぐ隣の診察室には七つのベッドが用意されています。廊下を隔てた反対側は分娩室です。〝着いたらすぐに産める〟態勢が整っています。

廊下を進むと赤ん坊の声が聞こえてきました。

「ここで乗り切れない場合は、あっちに移します」と、看護師の紘子さんが指さした先を見ると、廊下のひんやりした日陰にプラスチックの保育器がありました。産まれて危険領域にある場合、子どもは保育器に入れられてから別の部屋に移ります。

奥には「カンガルー室」と呼ばれる部屋があります。コロンビアに長く伝わるカンガルーケアが行われていて、成育状態のよくない乳児と母親の肌が直接触れ合うように、母親の胸の間に乳児を包み込むように抱っこします。未熟児への効果が大きいので取り入れているそうです。

二〇床のベッドが広々と置かれて、六組の母子が寝たり座ったりしていました。母親たちは一様にライトグリーンのチューブトップを着ています。乳児はどの子も小さく、動きが鈍かったり表情が読み取りにくい子もいました。


ダディ・セインビルさんは数週間前に産んだばかりのサラ・ウリカを胸に抱えて、針のない注射器で飲み物を与えていました。サラ・ウリカには哺乳器を吸う力がありません。帝王切開で産まれ、心臓が弱いのです。

「私をここに連れてきたのは姉です。何かトラブルがあったらMSFに助けてもらえ、と家族で話していましたから。その前は別の病院にかかっていたんです。そこでは、お腹の中で子どもが死んでいると言われました」

死んでなんかいない。だから産む。ダディさんが反論すると、気が狂っていると医師に言われたそうです。

「この病院に駆け込んだおかげでこの子を産めました。MSFのスタッフに感謝します」

心臓に障害のある子どもを抱えて、これからの生活への不安も大きいでしょう。それでもダディさんは不安より喜びを口にしました。

クラウディア・セルテラスさんは悲しげに眉を寄せて語りました。
六人目の子どもを帝王切開で取り上げました。推定で妊娠半年と二週の時期でした。「推定」でしか言えないのは、妊産婦健診にかかるお金が払えず、知らぬ間にお腹が大きくなっていたからら。ハイチではよくあるケースです。

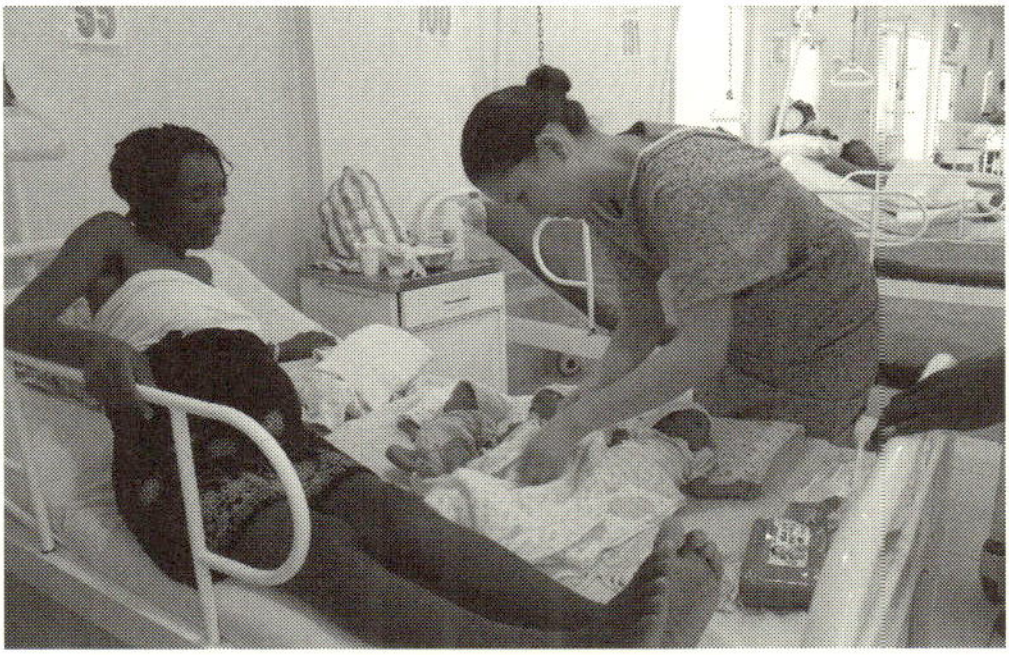
新生児のケアを行う日本人看護師

「急に気分が悪くなってタプタプ（簡易な乗り物）に乗りました。どこか病院に連れていってくれ、と言って。けれどどこで降ろされたかわからなくなったんです。目の前が暗くなって何も見えないまま、歩きました。するとここに着きました」

母乳が片方しか出ないので発育がよくありません。夫が働きに出なくては生活できないのに、家で待つ五人の子どもの面倒を見る人がクラウディアさんの他にいません。早く帰らなくては、とクラウディアさんは焦ります。

三つ子と母父に会いました。母親のジュディス・クラージェさんはか細い体をしていました。父親はウェンドリー・バロテレミーと名乗り、二三歳だと教えてくれました。

「産まれるまで三つ子だと知らなかったんです。市内の別の病院から緊急搬送され、帝王切開で産みました。そこで初めて知ったのです」と夫妻は語りました。やはり健診が行き届いていません。

若い夫妻はとても緊張していました。病院を出た後の生活に気を揉んでいるのでしょう。

貧しいのです。母親の栄養が足りていません。両親の生活基盤が整っていません。

このような出産は幸せなことなのか……。私はわからなくなってしまいました。

**捨て子に直面して**

新生児集中治療室には、他の部屋にはない内扉があり、厳重に衛生管理がされています。室温は新生児に適した二八度。専用の服をまとい、手洗いし、マスクをして中に入ります。

壁際にぐるりと二〇ほどの台があり、その上に透明プラスチックの保育器が置かれ、中に一〇〇〇グラム以下で産まれた乳児が入っています。子どもたちは低酸素、低血糖、未熟といった状態と闘っています。

上の蓋が外されているものもありましたが、四つの保育器が完全密封で、内部は光学療法の青い光線に満ちていました。白いアイマスクをしている未熟児もいて、きわめて危険な状態を乗り越えようとしています。

子どもたちは白いタオルをU字にしたものの中に寝ており、「巣ごもり」の形になっていました。さらに保育器を布で覆って暗くして、子宮内を模すこともあるそうです。

「ここまでの集中治療室は、他の活動地にはなかなかありません。ですから私たちも赤ちゃんも恵まれていると言えるんですが、それでも〝ごめんなさい〟というときもあって……」

集中ケアをストップする、という決断について紘子さんはつらそうに話しました。

医師が来て、小さな体の心臓のあたりに触れ、心拍を調べました。それから腕に点滴をほどこしていきました。

カンガルー室に戻り、生後一ヵ月の乳児に対面しました。

この子はいわゆる捨て子です。母親は子を産んで姿をくらまし、病院は母親を探しながらこの子を預かっているのですが、そろそろ養護施設への連絡をしなければいけない時期にさしかかっています。

「毎日少し早めに出勤して、この子を世話するんです。お母さんが見つかるといいんですけど」と紘子さんが言います。忙しい日々の中、「せめても」の助けを実践しているのです。

妊娠七ヵ月弱（二八週）に七〇〇グラム以下で産まれた子でした。本来なら救命しないステージであるはずが、途中まで手術が進んでいたためにプロジェクトを続けたのだそうです。九死に一生を得た子でした。

一日ごとにすくすく育っているのが手足の太さ、瞳の光の強さ、動きの素早さから伝わってきます。私はふいに「It's nice to meet you.」と口走っていました。

子どもがniceでないわけがないのです。だけど、こんなに子も母も苦しんでいる。複雑な気持ちを抱えたまま、次の場所に進みました。

ＣＲＵＯにもコレラのための別棟がありました。

窓のない長四角のテント内にベッドが並べられ、紙飾りなどが下げられたその薄暗がりにハイチ女性たちがくつろいでいます。「母親たちの村」と呼ばれるエリアで、出産後、まだ新生児が退院できる状況にない母親たちが共同生活をしています。

五人ほどの母親が臨床心理士のアドバイスのもとでクレヨンを使って絵を描いていました。危険な状態にある新生児の回復をじっと待ち続けなければいけない母親に、アクティビティを提供して心の支えを作っているのです。色塗りに熱心な人もいれば、絵を描くこと自体を恥ずかしそうにしている人もいました。

コレラに罹った母親を隔離するテントにも行きました。並んだ椅子はびっしりと埋まり、たいていが女性で小さな子どもを抱いています。

さらに移動して、濃い灰色のテントにたどり着きました。土の上に簡易ベッドが並べられ、体の大きな女性が熟睡していました。二日前に出産した母親でした。子どもは集中治療室にいたのかもしれません。つかの間の安息がそこにあるように感じました。音を立てないように立ち去ります。

「妊婦がコレラに罹患している場合の医療はきわめて高く専門化されています。妊婦から赤ん坊をとりだすときは細心の注意を払います。ケアはセンターだけでは終わりません。彼女たちが退院する前に、私たちは彼女たちの家を消毒します」と男性助産師ベンジャマン・ドシー。

コレラは爆発的に広がるからこそ、そのケアは医療施設の外でも展開されているのですね。非医療スタッフが消毒に向かう様子を想像して、MSFの医療活動の広さを感じました。

**子どもの命を救え**

CRUOの研修用の施設へ移動します。

コロニアル様式の別荘みたいな建物です。

オランダから来たばかりの小児科医ヘンリエッタとプント、それからダーンもいました。彼らは現地の看護師たちを七、八人ずつ集め、三つのグループに分かれて実習を行っていました。新生児の人形がテーブルに置かれています。

一週間行われる実習の初日でした。現地スタッフは講師の一挙手一投足から目を離すまいと、その集中力は凄まじいものでした。新しいことを教わるたびに人形を手にとって練習し、わからないことにぶつかるたびにテーブルごとに話し合っていました。

それから人形はずっと誰かの手の中にあって、まるで生きている人間の世話をしているみたいでした。そこにいる誰もが、ただ子どもを救うことに向かっていました。

私は煩悶していました。こんな出産は幸せなのか、命を救うことが絶対的な善なのか、と。

生活苦の中で子どもを育てる大変さを聞きました。手のひらほど小さい乳児がやっと息をしているのを見ました。救われた子どもが障碍とともに生きる可能性を知りました。産後のやつれた母親たちに会うと、なおさら迷いが強くなりました。

しかし、新生児の蘇生に全神経を注いでいる人たちを見て、私の問いはナイーブなものだと思い直しました。

「子どもの命を救え」

これで十分です。

彼らは神ではありません。

ただでさえ救えない生命も彼らの前には日々現れます。

誰を救って誰を救わないかという線引きなどできる状況にありません。

だから目の前の子どもの命を救う以外、私たちにはできることがないのです。

### 性暴力被害者専門クリニック

三日目、朝七時半に出発して性暴力被害者専門クリニックに向かいます。

二階建ての建物が見えました。車庫の入り口に「CLINIQUE PRAN MEN M」とクレオール語の看板があります。「クリニック」の後ろは「私の手を握って」と訳せるそうです。外階段から二階に上がると、コロンビア出身女性のアンジー・カラスカル・マルドナードが出迎えてくれました。アンジーは性暴力被害者専門クリニックのプロジェクト・リーダーです。

二〇一五年五月にオープンしたこのクリニックには、取材時には一ヵ月に四〇～五〇人以上の被害者がやって来ていました。その後、患者さんは増加の一途をたどっているそうです。

望まぬセックスを強要される者たちの半数が一八歳以下で、中には幼い少年もいます。この事実に現地スタッフも衝撃を受け、CNNではオンラインで写真特集が組まれました。

クリニックでは最初期に避妊とHIV対策をし、家庭内暴力などで帰る場所がなければ隣の施設へと入居してもらい、のちに地域の救援組織へと橋渡しします。隣の施設には最大八人が暮らせるシェルターが設けられています。

医師と臨床心理士、ソーシャルワーカーが一体となって彼らのケアを続けて、政府の保健教育担当が啓蒙活動を行っています。

「男性の中にはこの場所に反感を持つ人もいるでしょうね」と広報の谷口さんが言うと、

アンジーは何度もうなずきながら「だからシェルターが必要なの」と答えました。二人の女性の間にやるせない怒りが交差するのを感じました。私は男性ながら共感と理解を少しでも伝えたくて、短く控えめに言いました。「日本でも同じです」。

性的な暴力が人間を破壊してしまうこと。人は人の性的な道具ではないこと。もし被害に遭ったら駆け込む場所があること。それらを国の機関と共に伝え、国全体に広げることがゴールだ、とアンジーは言いました。のちにラジオのスポット広告を聞かせてもらい、これも啓蒙活動の一端なのだとわかりました。

「私たちは被害者をケアすると同時に、被害者の親の心を変えなければいけません。被害に遭った人を実の親が責めてしまう。誰にでも起きる被害なのに、味方がいなくなる」と言ったのは、コンゴ民主共和国から来た女性医師ヨニー・ヨワです。

性暴力には深刻な二次被害がつきまといます。ハイチでも日本でもどこでも、女性が受けている不条理はまったく同じだと思いました。

被害者がメンタルな診察を受ける部屋に行きました。絵の具があり、紙があり、描かれた絵がありました。そして被害者が目指す人生の目標の図があって、「勇気」「優しさ」「繊細さ」「思いやり」といった言葉がポスト・イットで貼られていました。

胸が詰まります。そんな単語を被害者が書かねばならないことの重さに、私は頭を殴られた心地がしました。不条理を許さなければ被害者は生きていけない。そんなふうに人を追い詰めた加害者の暴力の酷さを味わいました。

「被害者に必要なのは、法律的助力、シェルター、そして経済的自立です。それを常に継続して与えなければならない」と、現地ソーシャルワーカーのラルフ・トーマス・ブルーノ。

ラルフは被害者の自立支援に力を尽くしています。クリニックが始まってまだ一年、やりがいは十二分にある、と言います。

「この仕事はお好きですか？」

広報が聞くと、彼は一瞬下を向き、それから苦笑いをして答えました。

「好きじゃありません。これはつらい仕事です」

外階段から二階へ上がり、ロジスティックの部屋を通り、政府の保健教育担当の部屋で話を聞き、一階へ降り、受付を通り、緊急の医学的対応をする部屋、臨床心理士の部屋などを見てまわりました。被害者と出くわしてしまうのではないかと私は気後れしていたのですが、スタッフがきちんと計算していたのでしょう。私は誰にも会わずに移動しました。

### 阪神・淡路大震災の記憶から

このハイチ取材をコーディネートしてくれたのはＯＣＡ（オペレーションセンター・アムステルダム）ですが、別の統轄チームとしてＯＣＢ（オペレーションセンター・ブリュッセル）のオフィスへも行ってみました。

そこで会ったのがソン・ジョンシル（宋正実）さんです。日本の言葉で言えば在日韓国人、海外では韓国系日本人です。アフリカ風の涼しげなブラウスに髪をきっちりアップにして、日に焼けたジョンシルさんは明るいムードを放っています。

オーガニック関係の商品を扱う会社で貿易に携わっていましたが、持続性のある暮らしについて考えるようになってウミガメの保護活動をするうちに、ＭＳＦのサイトに出会いました。そして震災後の神戸に最初に入った国際救援団体がＭＳＦだったと知って、参加の決心がついたそうです。神戸出身のジョンシルさんは阪神・淡路大震災の被災者でした。

二〇〇八年、非医療スタッフとして初任地スーダンへ赴きました。貿易に携わった経験を活かしてサプライ・コーディネーターとなり、物資調達を一括して見ています。薬や医療器具を揃え、水や医薬品を輸入するため、たどたどしいフランス語で政府と交渉しています。英語の流暢な彼女でしたが、ハイチではフランス語がメインです。

「言葉が通じなくても気持ちは伝わります。税関と交渉してるうちに、あたしなんか日本語でしゃべってるときありますよ。為せば成る、です！」

　値段交渉はタフにやります。ジカ熱の流行を見越して薬剤を補給するには経験がものを言います。彼女はこれまで最長二〇ヵ月のミッションをインドやパキスタンで行ってきたベテランです。でも「なんちゃって」とか「あたしなんか言える立場にないんですけどね」とか、すぐに自分を茶化してしまいます。

　彼女の顔つきが一変したのは、寄付をしてくれるドナーたちに話が及んだときでした。お金の動きを直に見ている物資調達関係者の実感がともなっています。

「世界各地にＭＳＦが一番乗りして困っている人を救援できるのは、寄付してくださる人がいるからです。その力って凄いんです。年末になると、支援者の方々の声を派遣先のパソコンで一通ずつ読むんすよ。疲れてるからなのかなあ、どうしても泣いちゃうんです。感動して。支援者の方にもそれぞれストーリーがあって、あたしたちにもあって、そういうものが全部つながってドライブされて、それが活動になっていくんだなってわかって」

　ジョンシルさんは中近東に行きたいと言いました。「情勢がよくないから」と。政治を解決しようなどと考えているわけではありません。情勢が不安定な場所には困難を抱えた人間がたくさん生まれます。その人たちを彼女は放っておけないのです。

「怪我をして泣いてた子どもが治療を受けて元気になるでしょ。それを見てるだけでうれしいんすよ。なんちゃって」

人間の心の基本はシンプルなものだと思います。基本に触れることができました。

## 病気の根本的な原因

ハイチ取材の最後に、コレラ緊急対策センターへ足を伸ばしました。黒い鉄扉を開いて、すぐに靴の裏に殺菌剤をかけてもらいました。

どこまで続くのかわからないほど、行けども行けどもテントが張られていました。このときはまだコレラの発症の時期ではなかったので、患者さんはいませんでした。その間に、衛生的な啓蒙活動に力を入れているそうです。ピークになれば一日六〇人が駆け込んできます。

ここのリーダーは、イギリスから来たプロジェクト・コーディネーターのスチュアート・ガーマン。彼の事務所に行ったのですが、あまりの質素さに驚きました。地震直後の救援物資でしょうか。木材とトタンとビニールで作った半野外の空間で、床は砂だらけ、熱風が吹きつけてきます。

「すばらしいエアコンだよ」と両手を広げてみせるスチュアート。たった一つのノートパソコンで作業をしながら話を聞かせてくれました。

コレラはハイチ全土に潜んでいて、再び大規模感染が起きれば首都ポルトープランスにある国の対策センターだけではとても足りません。一時はハイチのコレラの状況に注目が集まりましたが、しだいに国際社会からの義援金は減り、国や他のＮＧＯは活動がしにくくなっているという現状があります。

そんな中、ハイチが自国でコレラに対応できるように、ＭＳＦは地方行政や現地ＮＧＯへの移行を通して、地域分散型の体制作りをしているそうです。

「ハイチでは国民の半分が不潔な水を使い、飲んでいる。それがコレラ発症の大きな原因で、これはつまり国全体の問題だよ」

スチュアートのミッションはわずか一年で、焦っても焦りきれない様子がうかがえました。

少しだけ一人で敷地内を歩き回りました。静かで落ち着いた一角に、「Morgue（遺体安置所）」と書かれた小さな一室がありました。

## 亡くなった人の名

ハイチから日本に帰って数週後、二〇一六年四月二七日夜、シリア北部のアレッポでMSFが支援している病院が空爆されました。最初の段階で、少なくとも医師二人を含む一四人が亡くなっています。

こういった攻撃はロシア軍によるものともシリア軍によるものとも言われています。二〇一五年一〇月にはアフガニスタン北部クンドゥズでMSFの病院への「誤爆」がありました。

シリア内戦が始まって以来、殺害された医療従事者は八〇〇人超です。今や医療従事者は戦略として標的にされています。

MSFは誰であろうと医療を施します。絶対に攻撃してはいけない組織です。ニュースで流れてきた名もなき医師やスタッフや患者は、私にとってポールでありダーンでありダディでありサラ・ウリカであり紘子さんであり谷口さんです。

非道な攻撃を私は強く非難します。

## ギリシャ

第二回の取材地はミャンマーになるだろうと言われていたのですが、出発予定日の一ヵ月ほど前になって、NGOの入国が厳しくなっていると伝えられました。NGOの入国が制限されるとき、国が表沙汰にしたくない事態が起きている可能性があります。まもなくして、ミャンマーで起きているロヒンギャ難民の問題が報じられました。

取材地がギリシャに決まったのは出発の二週間前でした。

### 経済破綻と難民

二〇一六年七月一四日、羽田空港の深夜便に乗りました。

飛行機の中、モニターに映る世界地図を見て、私はアテネとアレッポの近さに驚きました。ギリシャ文化とオリエント文化の皮膚感覚的な近さを地図が知らせているようでした。

アテネ空港に降り立ち、地下鉄でメガロ・ムシキス駅へ。そこからMSFギリシャのオフィスまで歩きます。

ギリシャは経済破綻をし、EUは緊縮財政を求めました。それに対してギリシャ国民は、二〇一五年の国民投票でEU離脱やむなしという態度をとりました。事態の緊迫化を受けて、EUは金融支援にまわりました。

経済危機に加えて、同年からギリシャにはすさまじい数の難民が押し寄せました。大半がシリア難民です。彼らは移民の受け入れ対策が厚いドイツなどを目指します。海路でトルコを通って対岸のギリシャに小舟で渡り、あるいは陸路を歩き続けてイスタンブールからヨーロッパに入ります。

海路を選んだ人たちの多くが海難事故に遭い、幼児が沿岸に打ち上げられています。追い討ちをかけるように、二〇一六年の春に「EU－トルコ協定」が締結されました。〝密航業者のあっせんなどでギリシャに渡った難民・移民の人々をトルコへ送還するかわり、トルコ国内の難民キャンプで暮らす人たちを正規ルートにのっとって「第三国定住」の枠組み内で受け入れる〟という約束です。

すでにギリシャに渡った人々の希望が絶たれました。多くの難民がギリシャにとどまり、よりよい決定が世界政治上でなされるのを待っています。

さらに今日もまた他国からギリシャへと人々が渡っています。

## ギリシャの実情

「ようこそ、ギリシャへ」

オフィスに着くと、黒ずくめの威風堂々とした女性が現れました。MSFギリシャの事務局長マリエッタ・プロヴォポロウです。

マリエッタは地図を使ってギリシャの実情を話してくれました。それはギリシャだけが抱える難儀ではなく、ヨーロッパと中東、アジアまでを含む、世界の危機でした。

彼女がまず指さしたのは、ギリシャの北側にあるイドメニ。象徴的な国境地です。難民になってしまった人々はギリシャに流れ着くとイドメニを関所のように通ります。そこからマケドニア、セルビア、クロアチアなどバルカン半島のかつての紛争地帯を通り、ドイツやオーストリア、スウェーデンなど自分たちを受け入れてくれる国へと向かいます。

しかし、このイドメニ国境が「EU－トルコ協定」によって閉鎖されたのです。

「EU－トルコ協定」は一対一という枠組みを設けており、不法入国者が一人トルコへ送還されると、正式な手続きをした難民一人がEUに送られます。ここには絶対的な不平等があります。この協定によってEUに渡ることができるのはシリア難民だけだからです。

シリアの政治状況は泥沼化の一途です。アサド政権と反政府勢力が戦い、過激派組織「イスラム国（IS）」が勢力拡大を狙い、政権側のバックにロシアがいて、反政府軍はアメリカに支援を受けている。シリアだけで一〇〇〇万人以上の難民・避難民が生まれています。

しかし難民はシリアからだけではありません。アフガニスタン、アフリカ諸国、イラクからもヨーロッパへ逃げてきます。

世界には経済的な難民以外にも、紛争で住まいを破壊され、自国に住めなくなった人々がたくさんいます。彼らは漂流せざるをえません。難民たちのかすかな道を「EU－トルコ協定」は遮断してしまいました。

どこが一対一でしょうか。あらゆる国の難民たちがシリア難民に権利を譲らされるに近い状況です。これは世界政治の複雑怪奇さが生み出した数学のゴマカシでしょう。

イドメニに三〇〇〇人。アテネ近郊のエリニコに一〇〇〇人。アテネ近郊のピレウス港に一三〇〇人。他にも市内に七〇〇人。テルモピレス難民キャンプに二〇〇人。ギリシャにある約五〇のキャンプに五万五〇〇〇を超える難民がいるのだと、マリエッタが地図を点々と指さしながら教えてくれました。

ＭＳＦはアテネ市内、イドメニ、レスボスやサモスなどのエーゲ海の島々で医療を提供し、他の援助団体との連携をとって多くの救護活動をしています。

ヨーロッパの入り口であるギリシャには移民・難民問題はずっと昔からあって、ＭＳＦはそれに対応してきました。一九九四年からの二〇年余りで移民・難民の総数は一〇〇万を超え、現在は数十万人。そのほとんどが二〇一五年の難民ラッシュによるもので、シリア紛争が大きな原因です。

難民たちは移動して住む場所がありません。

それどころか、移動の間にあらゆる暴力があります。レイプ、強奪、病気や怪我にさいなまれます。それでも彼らは安住の地を求めて動き続けるしかありません。

彼らは自分たちが非合法な身だと思っているため、誰を非難することもないのです。訴えることもできず、ただただ耐え忍んでいます。

マリエッタは世界の矛盾に鉄槌を下すかのように言いました。

「生きるために紛争を逃れてきた身に、非合法なんてことはありえません」

想像してください。対岸トルコからゴムボートで来る難民のことを。

彼らは密航業者に大金を払ってゴムボートに乗ります。けれど、ろくに操作を教えられません。エンジンが壊れていたり、油が入っていないこともざらにあります。

船は風や乗員オーバーによって容易に転覆します。または穴が開いて沈みます。大人たちは子どもを守ろうと、あらかじめ船の真ん中に子どもたちを乗せています。

しかし、船が壊れ始めると、そここそが弱いのです。水が溜まり、船底が割れる。その上、彼らはニセのライフジャケットを買わされていることさえある。海に投げ出され、自力で泳ぐしかありません。子どもたちはまだ水泳を知りません。

「その様子が沖に見えるんです。しかし助けることができない。すぐに船は沈んでしまう。海岸に子どもの死体が上がります。自分の子どもを遊ばせていたビーチに、誰かの子どもの溺死体が流れ着く。これが今、ヨーロッパで起きていることです」

もし生きてギリシャにたどり着けても、暑かろうと寒かろうと、彼らは歩き続けなければなりません。すでに自国を出るときからすさまじい距離を踏破してきたのに、さらにまたギリシャの海岸沿いを北へ北へと歩きます。そして途中の国境で突然、軍隊に押し返される。「ＥＵ－トルコ協定」が決まったから、と。

ＭＳＦは「ＥＵ－トルコ協定」に抗議をし、ＥＵからの資金援助を断ちました。資金の独立性を重視するＭＳＦならではの決断です。

「我々は政治がどうであるかにかかわらず支援をします。ＥＵが知らないふりをしていても、現実に対応するべきだからです。私たちは医療や心理のケアを提供し、毛布を運び、食べ物を送り、シャワーを用意し、トイレを設置し、同時にＥＵの大使たちにどう働きかけて状況を好転させるか試行錯誤しているところです」

マリエッタは指をしまって言いました。

「彼ら難民の方々には、他の誰とも同じように尊厳があります」


**暴力や拷問を受けた人々を対象としたプロジェクト**

七月一五日、私は緊張していました。行き先がＶｏＶ（the Victims of Violence project）、「暴力や拷問を受けた人々を対象としたプロジェクト」だからです。

ＭＳＦのＶｏＶは世界に三つあります。

最初はエジプトのカイロに組織ができて、アテネ、ローマへと拠点を広げました。たがいに連携し、政治的・宗教的抑圧や拷問から逃げてきた人々を保護し、ケアしています。

ＶｏＶは同時に、ギリシャの中で難民・移民を法律的に支援している団体「ギリシャ難民協議会」、そして心理ケア専門の「デイ・センター・バベル」と密接につながりながら、被害者の身体的・心理的なケアと社会的支援をしています。

シリア難民が増えたことで、それまでの四倍の人がＶｏＶにやって来るといいます。

ビルの三階にあるオフィスへ行くと、ＶｏＶの医療活動マネージャー、アメリカ人女性のシェリー・デュボアが出迎えてくれました。シェリーはプロジェクト唯一のエクスパットです。

「私たちが行うのは一次診療じゃなくて、専門的な二次診療です。今は月・水・金の週三日。来る人たちは酷い物語を背負っているから、それはそれは気をつけて接しないといけません」

シェリーの表情はにこやかですが、やっているのはとてもハードで政治的な活動です。治療が行われているのはオフィスとは別のビルでした。フロアをぐるりと見学します。

「メインの診療室がここね」

一日六人程度が、初診なら一人三時間じっくりと診療とカウンセリングを受けます。

「こっちは女性専用のセラピー室」

通常のセラピーの他にも、ヨガ教室を開いて、レクリエーションを通した心身のケアをすることもあるそうです。

「ここは体力を検査する場所」

簡素な運動マシンが置いてありました。体力測定までするのかと私が不思議そうに眺めていると、拷問を受けた者がいかに身体を弱らされるかを、シェリーが話してくれました。

「歯医者さんも週一で来るのよ」

拷問を受けると歯を失うケースが多いので、歯科医が必要になるのだそうです。私は愕然としてきました。難民たち、しかも政治的・宗教的抑圧や拷問にさいなまれた人たちは、想像を絶する状態に貶められています。

「ひどい拷問のあと、不眠やパニック、あるいは発狂する場合もあるので、私たちが連携している心理ケア団体のバベルには精神科医もいます」

シェリーはもうにこやかではありませんでした。世界の困難について、いくつか事例を挙げて説明してくれました。

ホモセクシュアルを探し出して殺そうとするアフリカの例。

難民登録ができずにゴミをあさって暮らす人々の話。

牢獄に収容された女性の九〇％がレイプされていること。

フロアのあちこちにとても明るい女性スタッフがいました。彼女たちのほとんどが「文化的仲介者（カルチュラル・メディエーター）」として働いています。

文化的仲介者は、ギリシャの難民支援活動に特徴的かつ重要な存在で、シリアやイラクやエジプトやアフガニスタンなどから逃げてくる人々に応じて、言葉を通訳し、それぞれの慣習を医師に説明し、また患者にVoVの支援方針や内容を理解してもらいます。

患者になる人はたいてい英語を話せません。さらに宗教的な都合を持っています。女性が禁じられていることもあります。治療者側が便宜を図ったつもりでも、ケアを受ける側が抑圧だと感じてしまってはいけないのです。そういう観点から、難民支援には文化的仲介者が不可欠です。

文化的仲介者には、もともと難民として移動してきた人が多くいます。だからこそ彼らは患者の気持ちもニーズもよくわかります。また、このシステムは難民の雇用を生み出す一助にもなっています。

**先進国ゆえの難問**

この日はせっかくの週末ということもあり、ギリシャの根幹が感じられる場所に出かけることにしました。アテネのアクロポリス、二〇〇〇年以上前に造られ、地中海周辺の栄枯盛衰を見てきた建造物です。

強い陽射しが照りつける旧市街で待っていると、白いシャツにジーンズ姿の女性が現れました。ＯＣＰから配属された日本人スタッフ、梶村智子さんです。

彼女は二〇一六年三月末に南スーダンから日本に帰り、熊本地震のミッションに緊急参加したのち、ギリシャに来ました。ロジスティック・コーディネーターの下で、サプライのマネージャーとして物資の供給を受け持っています。

「今日は静かですね。近頃は週に二、三回は地下鉄も国鉄もストライキですし、デモもこのへんでしょっちゅう行われています。一ヵ月前に消費税が二四％になった上に、失業率が二五％、若年層だと五〇％なんですよ」

梶村さんはこの日、ＭＳＦで初めてのシティライフだと言っていました。それまでの任務地では金銭を使う場所自体が珍しかったのですが、反対に現在のギリシャでは自炊にもかかわらず日当を使い切ったそうです。経済のバランスが崩れているからです。

遺跡群のほうに歩いていくと、小さくも威厳のあるギリシャ正教の教会がありました。中に入るとドーム型の天井の脇がラピスラズリのような青に塗られ、点々と星のマークが刻まれていました。私の目にはイスラミックな意匠と区別がつきません。

教会から出て見上げたところに高い丘がありました。アクロポリス、遠い昔のペルシャ戦争で灰燼に帰したアテナイの建造物が見えます。文明の激しい交差にめまいがしました。ほぼ同一のものを各宗教、各文化が奪い合ってきた歴史です。

そして今、異文化の中で生きてきた者たちがギリシャに流れ込んでいます。道を断たれた難民たちがそのままギリシャに住み始め、人のいない建物のスクワット（不法占拠）も珍しくありません。むろん難民キャンプにはもっとたくさんの人々がいます。

「食料配布は今、ギリシャ軍がやっています。ですから私たちは主に医療、心理ケアに重点を置いています。

滞在が長引いていることが新たな問題を生んでいます。たとえば、さすがに同じ物を食べ続けると、食事内容に不満が出てきます。もっとハードな現場なら食べられるだけで満足ということになるんですけど、ここではそうもいかないんです」

梶村さんはギリシャが先進国であるゆえの難問に直面していました。

南スーダンやアフガニスタンであれば、ロジスティック・コーディネーターは最優先の課題である水の供給に苦心します。でもギリシャは先進国だから水はすでにあるのです。

問題は物資にかかる税金です。中東やアフリカへの輸送なら税の計算はシンプルですが、ギリシャの場合はEU内での移動であり、さらにEU内部での大規模ミッションは前例がなく、大変に込み入ったVAT（付加価値税）をまとめる作業が必要になります。

また、薬剤が安く買えないという事態も起きました。途上国での活動であれば途上国向けの安価な価格設定を利用できるのですが、先進国ギリシャで使うとなると適用から外れてしまい、一般価格にされてしまいます。

まるでヨーロッパ全体が免疫不全を起こしているようです。先進国である自己と難民という他者をうまく分けられない。一つであるはずのＥＵのアイデンティティを、難民問題が分裂させ交差させ錯乱させているのです。

「ギリシャ一国ではもたないと思うんです。ドイツとトルコの仲がまたよくないので、なかなかうまい協力態勢ができにくいです。『ＥＵ－トルコ協定』はイドメニを閉じて追い返すことになっただけで、難民は別の北への道を探してイオニア海へ向かっています。根本的な解決にはなりません」

## ピレウス港の〝難民キャンプ〟

七月一七日の朝、近郊で最大規模の難民キャンプへ出かけるため、アテネの南西にあるピレウス港に向かいました。気温三〇度。世界の困難を隠してしまうほど明るい陽光の下です。

ピレウス港の駅は終点にありました。いかにもリゾート風のプラットフォームで、短パンやサマーワンピースの降車客たちはどこかの島へ遊びに行くようでした。

港にはコンテナ輸送船や石油輸送船、ビルのような高さの大型船が泊まっていました。ここに難民キャンプがあるとは信じがたかったのですが、迎えに来てくれたMSFの小型車でさらに移動すると、プレハブ施設がありました。

ピレウス港、難民キャンプのテント

簡易的な医療施設です。訪ねてくる患者さんに薬を処方したり、体温や血液を検査したりします。

二〇一六年の二月まではただの港でしたが、難民の北へのルートが断たれてからは、アテネ周辺の難民キャンプの建設も追いつかず、一時は五〇〇〇人がこのエリアで生活していました。そして今もなお一三〇〇人が埠頭にテントを立てて日々をしのいでいます。

「当初は赤ん坊への医療的な対処が多かったけど、今は糖尿病をはじめとする生活習慣病、皮膚のケア、感染症などが中心です。難民たちの滞在期間が長くなったからです」と、看護師リーダーのティモス・チャリアマリアスが教えてくれました。

ＭＳＦの他に、SOLIDARITÉS INTERNATIONALというＮＧＯが食料や水道水を、ＵＮＨＣＲ（国連難民高等弁務官事務所）がトイレを提供していました。そうした団体に文化的仲介者を紹介しているのはＭＳＦでした。


アテネ近郊の難民キャンプはピレウス港の他に、空港跡地でオリンピック会場ともなったエリニコにもあります。

実のところ、それらは政府が正式に建設した難民キャンプではありません。実際は難民の方々が緊急にとどまっている場所であり、そこにチャリティ団体が駆けつけて自前でキャンプを運営しているわけです。

ピレウス港のＭＳＦチームは合計四〇人。そのうち医師が三、四人、看護師が七人、文化的仲介者がなんと一四人と層が厚い。これは文化の違いから齟齬が起きないようにする繊細な態勢であり、それだけ多様な地域から難民が逃れ出ていることを物語っています。

「患者のカルテはＭＳＦのチームで共有するのはもちろん、コンテナ診療所を分担している別の医療団体ともデータを共有し、もし難民の一人が他のキャンプへ移動してもすぐに適応できるように努力しています」と、プロジェクト・コーディネーターのクリスティーナ・パパゲオルジオ。

チャリティ団体が力を寄せ合って難民キャンプを支えていました。もともと市民運動が盛んだったヨーロッパだからこそ、ネットワーク化しやすかったのです。もしこれが日本だったらと考えると、あまり明るい見通しが持てません。

プレハブ医院の裏に倉庫があり、さらに回りこむと灰色、銀色、深緑と、暗い色調のテントがびっちりと寄せ集められていました。難民たちが暮らすテントです。

低いテントの群れの横にトイレらしきプレハブが並び、またしばらくテントが続くとシャワーボックスが建てられています。

テントの多さにめまいがしました。この一つひとつを建設した人がいて、この一つひとつに人がかろうじて暮らし、一人ひとりを持続的にケアしている人がいる。支援者たちの根気強い手つきがうかがえて、感嘆の溜息が出ました。

**難民は私、私は難民**

文化仲介者のナズィールに話を聞きました。彼自身が二年前にアフガニスタンから逃れてきた難民です。たった一人で国を出ざるをえなくなった彼はギリシャまでたどり着き、収監センターに収容されて八ヵ月を過ごしました。現在二四歳です。

母国にいた時代、彼は他の人道援助団体で働き、ＭＳＦの活動もスタッフもよく知っていたといいます。発展途上国でそうした活動に関わっていたとは、彼の社会意識の高さと教育上のキャリアがうかがえます。

そうした人物が他国で収監センターに入り、二者択一を迫られました。国に帰るか。あるいは、難民申請をし、書類上の手続きをしながらギリシャ語を学んで他国に身を寄せるか。

彼は後者を選びました。それは働き口を見つけることでもありました。

「だから、僕はどんな人がこの診療所へ来てもまったく他人事じゃありません。彼らの役に立てることが大きな喜びであり、深い体験です」

彼らは私だ、という感覚がナズィールを貫いています。

彼はまごうかたなき難民であったし、ＥＵの政治的判断次第では再び難民になることもありえます。その意味で、彼はいまだに難民なのです。

「たまたま彼らであった私」と「たまたま私だった彼ら」を同時に想像するということ。上から下へ与えるようなものではありません。憐れみでなく敬意でしょう。きわめて水平的に、まるで他者を自己として見るような態度です。

これはＭＳＦのスタッフに一貫しています。広報の谷口さんは「難民の方々」とまさに敬意をはらった呼び方をしていました。ドライバーは難民の家族がやってくると跳ね上がるように椅子を譲っていました。どの動作もさりげなく、だからこそその態度の確かさを感じました。

苦難は彼らを死に誘いました。しかし彼らは生き延びました。そして何より、自死を選びませんでした。苦しくても苦しくても生きて今日へたどり着きました。そのことに自然と生じる敬意があるのだと、キャンプ地で気づかされました。

そして想像します。もし日本が国際紛争に巻き込まれ、東京が戦火に包まれれば……。難民は私であり、私は難民です。

## レスボス島のホットスポット

その夜、国内線でレスボス島へ移りました。

二〇一五年、シリアからの難民が押し寄せたとき、MSFとグリーンピースは共同して事にあたり、レスボスの北部に三つの難民上陸拠点を作りました。ピーク時にはメディアや難民が一日に一〇〇〇〜三〇〇〇人、施設を訪れたといいます。

MSFは海の上でさまよう難民ボートから乗船者を大型ボートで救助し、こうした拠点に保護します。その後、難民たちは行政の指示で東側の海岸沿いに南へと徒歩で向かいます。彼らが歩かなくても済むように、MSFはバスの運行を行い、やがて国連もそれに続きました。

さらにMSFはマンタマドスなどの一時滞在センターで食事や救援物資や医療を提供しました。もともとの滞在想定人数は七〇〇人でしたが、最大で五〇〇〇人が島に到着し、モリア（漂着した移民・難民など〝保護希望者〟の審査・登録を行う目的で二〇一五年一〇月からギリシャの主要な島に設置された難民管理センターがある）ではフル回転の援助が続きました。

モリアで難民申請が通った人は管理センターの保護下に入るはずでしたが、例の「EU－トルコ協定」によって立場が不安定になってしまい、追い返される事態が発生しました。

トルコ側は国境警備隊を配置して、ギリシャとの境を見張っています。そのためかつてのような爆発的な流入はないものの、今も一日に一隻程度のボートは海上で発見され、平均一〇～一五人が乗っている計算になるそうです。

難民はここにたどり着くまでに心身ともに過酷な体験をしています。MSFでは彼らにグループセッションやマンツーマンの心理ケア、法的支援、健康教育の広報を通しての啓蒙などを続けています。

ちなみに、マンタマドスでは特に親を失った子どもの保護施設を設け、それまであった場所を勉強のための施設へと変えたそうです。そこにはギリシャ行政の協力も入り、MSFは場所と医療を提供しています。

ミティリーニという港町にあるMSFのオフィスを訪ねました。オレンジ色の瓦屋根がかわいらしい二階建ての家でした。

そこはOCBが統轄し、現地スタッフが七〇人ほど、外国人派遣スタッフが八人。活動領域の広い難民支援はこの人数でもてんてこまいでしょうし、難民流入のピークには相当なハードワークだったことでしょう。

イギリス人のプロジェクト・コーディネーター、アダム・ラッフェルに会いました。彼はもともとイギリスの人道医療組織で働き（その組織は元MSFの人が作ったものらしい）、セーブ・ザ・チルドレンに移ってアフリカ諸国を巡ってから、MSFに参加。南スーダンのピボールにいたときは武力衝突による情勢悪化にも遭遇したといいます。

彼のような歴戦の勇者がいるのは、他の人道援助団体との連携を深めるMSFギリシャにとって有益です。実際に彼らは同じキャンプに乗り入れているUNHCR、赤十字国際委員会、セーブ・ザ・チルドレンなどと週一回は情報共有をし、課題を検討しているそうです。

アダムがおもむろに提案しました。

「カラ・テペの難民キャンプにお連れしましょう」

私はにわかに身を固くしました。アダムのほうも少し緊張しているようでした。取材許可をもらえるかどうか、行ってみなくてはわかりません。

## 証言活動と取材交渉

アダムが運転する小型車で海岸沿いを走ります。すぐ向こうの対岸はトルコです。

車は数分でカラ・テペ難民キャンプに着きました。この時点で、五〇〇〇強の仮設住宅に一五〇〇〇人が暮らしていると聞きました。

細い金網でできたフェンスが左右に張られていました。目の粗いアスファルトの坂を上がると、カラフルな海中生物が描かれたコンテナが見えてきました。その前に置かれたベンチにオリーブの影が差し、そこに四人の難民が座っていました。

私がコンテナの絵をスマホで撮ろうとすると、アダムはそれを手で制しました。難民の姿を撮るわけでもないのに慎重すぎると思いましたが、アダムはコンテナの中にいる責任者の機嫌を損ねまいとしてくれたのです。そこには交渉の機微がありました。

マリアという秘書らしき女性がやってきて、「お返事遅れてごめんなさい。とても忙しいものだから。もう少し待っていて」と言いました。

コンテナの外、白い砂利の上で待つことにしました。コンテナの奥からは強いアラブ訛りで口々に何かを訴える者たちの声が聞こえてきます。ここにいる誰にも暇などないのです。でもそれを押して、アダムは取材を実現してくれようと熱心でした。MSFの証言活動としてやるべき仕事だと判断してくれたのだと思います。

しばらくすると責任者のスタブロス・ミロギアニスが笑顔で出てきて、厚い手のひらで握手を交わし、「ようこそカラ・テペへ。私は緊急会議があってすぐに出なければなりませんが、どうぞ取材をなさってください」と大きな声で言いました。

取材は正式に受け入れられました。

**医療車に乗って**

コンテナを離れ、RHU（レフュジー・ハウジング・ユニット、仮設住宅）が並ぶエリアを歩きます。ここはもともとゴーカート場で、子ども用のサッカー場やすべり台が残っていました。難民の子どもたちにはうれしい施設でしょう。

オックスファム（OXFAM）という団体の青年男女が各仮設住宅に飲み物を配っていました。気温が高いため、難民たちを配給の列に並ばせるわけにいかないからだそうです。

屋台では集まった子どもたちが冷たいコーヒーをストローで飲んでいました。

どんつきを左に折れると、医療サービスのエリアがあり、ＭＳＦのマークの付いたキャンピングカー型の車両が幾つかとまっていました。ここでは六人の医療・非医療スタッフと、三人の文化的仲介者がチームを組んでいます。

ちょうどチームがミーティングをしていました。中東系の若い女性が医師で、唇にピアスをつけた女性が心理療法士です。このファッションの自由さを心地よく感じました。

医療用の車の中を見せてもらうと、救急車の二倍以上の広さがあります。前任の活動責任者がアレンジしたもので、ベッドを二つ入れられるそうです。沿岸に出動し、着いた難民をすぐに診療できるように造られていて、点滴や包帯、薬品がコンパクトに収納されています。

心理ケア用の車もありました。車内はいわゆるキャビン仕様で、小さなベンチシートとテーブルがしつらえられています。

かつてはグループセッションを行っていましたが、難民が長期滞在を余儀なくされてしまった今は、個別の心理ケアが中心だそうです。子どもがストレスで不眠になったり、家族でいさかいが絶えなくなったり、安らげる場所のない状況が難民たちの健康状態を悪化させています。

「一日五、六人の話をここで聴いてるわ。忙しかった時期は一〇〇人という日もあったけど」

ピアスの彼女が言いました。

「私はもともとギリシャで心理療法士として働いていたの。前は学校へカウンセリングに出たりしていたんだけど、今や国内に難民キャンプができて、MSFの一員としてそこに参加するなんて思ってもみなかった。ここで働くのは素晴らしいことよ。もうすぐアテネに戻らなきゃいけないんだけど、すぐにまた来たい」

カラ・テペ難民キャンプの医療車内

車内には子どもたちが描いた彼女の似顔絵が貼られていて、彼女はそれをまぶしそうに見ていました。ついこの間まで弁護士に憧れていたのに、難民キャンプで暮らすうちに医者になりたくなった、という女の子もいました。

過酷な状況の中、支援者が難民を変え、難民が支援者を変え、たがいに癒し合っているのかもしれません。

### 民族を超えて出現した「町」

いよいよ仮設住宅エリアに入ると、日本で見知っているより頑丈なタイプのものが整然と並んでいました。しかし窓は小さく、電気もありません。夏は暑くて中にいられず、人々は外にマットやクッションを持ち出してくつろいでいます。

ウレタンマットに座っていたジャマール・サラメさんにお話を聞きました。私たちに挨拶をしようと立ち上がったとき、足元がぐらつきました。どうか座ってくださいとお願いしても首を横に振り、私がマットに座ることでやっと彼も座ってくれました。とても礼儀正しい人です。

パレスチナ人のジャマールさんは、母国を出て、レバノン、シリア、トルコまで移動し、そこからゴムボートでギリシャにたどり着きました。途中の四日間を砂漠で過ごしたといいます。共に国を出た家族は、途中のシリアで今も動けずにいるそうです。

ジャマールさんは腰の痛みと呼吸困難に苦しめられています。モリアの難民管理センターからカラ・テペ難民キャンプに移り、体を診てもらうようになりました。

皺の刻まれた彼の顔を見ててっきり七〇代だと思いました。ところが年齢を聞いてみると、四九歳。私よりずっと年下です。どれほどの苦境が彼を老けさせたのだろうと、言葉が見つかりませんでした。

今の望みは何かと聞くと、ジャマールさんは素早く答えました。

「未来が見えないんです。私はこんな状態を早くやめて子どもに会いたい。……私が死ぬ前に問題が解決してくれればいいんですが」

同じマットの上では、隣に住んでいる中東系のおじさんが豆スープとパンを食べています。向かいの仮設住宅の前で幼い女の子たちが遊んでいます。オリーブの太い樹にはアフリカ人女性が背をつけて座り、携帯電話でしゃべっています。

あらゆる地域から難民が来ています。

かつてと異なるのは、援助団体から支給された携帯電話を使って、母国や旅の途中で残してきた人たちと話したり画像を送りあったりできることでしょう。便利さが新しい切なさを生んでいるようにも感じました。一時も家族を忘れられず、常に身を裂かれる思いをしているでしょう。

アフリカのゆったりした服、中東の白い着衣、女性の腰に巻かれた鮮やかな色の布、様々なデザインをまとった人々が行き交います。

この豊かな国際性はなんでしょう。頭が混乱しました。まるで世界共和国が具現化されているかのように見えたからです。

むろん彼らは好んで国際的なのではなく、各地で人を支えきれなくなった現代社会に、まるで事故のように民族を超えた「町」が出現してしまったのです。

アダムは言います。

「ここはまだいいほうだ。彼らはファミリーのままでいられる。ただし誰かは必ず、拷問や暴力に遭った人、あるいは病人だ。弱者中の弱者がここに集まっている。そしてきわめて平和に暮らしている。

ここに平和があるからといって、こういうキャンプがあってはならない。我々は根本にある問題の解決を望みながら、世界に訴え続けるしかないんだ。そしてその間、あらゆる傷に絆創膏を貼る」

〝傷に絆創膏を貼る〟という言い回しに人心地をおぼえました。これはＭＳＦが自身を譬える表現としてよく使われます。解決自体は各国の政治家が行わねばなりません。だからＭＳＦは証言し、訴えを怠らず、現場へ赴いては〝絆創膏を貼る〟のです。

## アミナさんの紅茶

仮設住宅の列を抜けると、空の広い場所に出ました。簡易な塀があり、中にトタンと木を組み合わせて作った施設があります。シャワーとトイレのエリアです。

すぐそばに小さな小屋があり、棚に石鹼やシャンプー、生理用品などが置かれています。衛生関係の物資は個人ごとの事情に応じて配給する。気配りが感じられました。

同様の気配りを感じる場所がありました。金網の中の仮設住宅群に、さらに金網で守られたエリアがあるのです。そこには女性しか入ることができません。家庭内で性暴力に遭っている者、移動の過程でそうした過酷な経験にさらされ、他人に会うことを避けたい者。むごい目に遭っている難民たちの中でも、ひときわ厳重に守られるべき女性たちがいることに、私はショックを受けました。

出口のほうにさしかかると、簡易的なカフェスペースがあり、援助団体の若い男女が立ち働いていました。

一人だけ黒い上着に黒いパンツをはいた女性がいました。頭には灰色の布を巻いていて、中東の国から来た難民の方のようです。彼女はテーブル上のたくさんのカップにひたすら紅茶を淹れています。

彼女にインタビューをしたいけれども応じてくれるかどうか、あるいはインタビューの申し込み自体が相手を傷つけるかもしれない。きわめて繊細な判断が必要でした。でも、彼女は潔くインタビューに応じてくれました。

アミナ・ラマダンさんはシリアの、それも空爆が続くアレッポ出身です。

「アミナさん、答えにくいことをうかがいます。このキャンプに来るまでの道のりはどんなものだったんでしょう」

アミナさんの表情が一瞬ほどけました。なぜ笑顔のようになったのかと驚く間もなく、彼女は訴えるように言いました。

「ベリベリベリベリベリー・ディフィカルト」

緊張した私を、彼女は笑わせようとしたのです。幾つもの国を越境していました。共に国を出た夫は車椅子に乗る身だったといいますから、移動は特に大変でした。シリアからレバノンへは徒歩で、そこからトルコまでは飛行機で。財産をすり減らしたことでしょう。

トルコからギリシャへの渡航に三回失敗しました。それでもトルコ側で粘っていると、ゴムボートに乗れることになりました。仲介業者は銃を持っていて、とても怖かったとアミナさんは言います。おそらく彼女は騙されていたのです。

海の上でモーターが故障しました。もともと乗員過多のボートです。重量オーバーで浸水が始まりました。それでもボートは奇跡的にギリシャに着きました。

何が起きているかわからないまま漂着した彼女は、舟の底で夫が亡くなっていることを知りました。心臓発作だったのかもしれないし、すし詰めの中で窒息死したのかもしれない、あるいは浸水してきた海水を飲んだのかもしれない、とアミナさんは言います。わずか四ヵ月前の三月二〇日のことでした。

「私は夫を助けることができませんでした」

沈黙が続きました。彼女は谷口さんをじっと見ていました。女性である谷口さんに理解を求め、人生の危機を共有することでたがいに未来へ歩み出そうとしているように感じました。

谷口さんは礼をするように頭を下げてから言いました。

「将来は、アミナさん、どうなさろうとお考えですか。もちろん今そんなことまでは思いもよらないかもしれませんが」

アミナさんは息を整えてから言いました。

「学んで働いて、人のためになりたい」

そして背後のボランティアたちを振り向いて言いました。

「人のために働くことは、夫と二人で決めていたことです」

アミナさんは毎日、昼と夕方に大量の紅茶を淹れ、キャンプの難民たちに配っています。今私にできることをしたい、と訴えて共に働いているのだそうです。

## フィリピン

ハイチ、ギリシャと取材していくうちに、苦難の状況にある人たちの中でも、女性が特有に置かれてしまう困難があることを垣間見ました。

フィリピンで取材したのは「女性を守るプロジェクト」です。いえ、これは私がつけた仮名で、正式名称は「リプロダクティブ・ヘルス（性と生殖に関する健康）に関わるミッション」と言います。妊娠、出産、避妊といった生殖、または性感染症・性暴力ケアなどにまつわるプロジェクトです。

なぜこれが「女性を守る」のか？　ぜひ読み進めてみてください。

## マラテ地区の夜

二〇一六年一一月二一日の夜、マニラ空港に到着。航空機内に忘れ物をした私はかなり焦りました。

以前マニラに来たとき、凄絶な富の不均衡を見てしまったせいか、忘れ物は見つかるはずがないと思いました。西洋化された都市だからこそ貧富の差をより露骨に感じました。しかし空港関係者も居合わせた一般の人たちもひどく親切で、忘れ物はきちんと見つかりました。空港周辺にはもう物乞いがおらず、かつて感じていた殺伐とした空気もなくなっています。ただ、やはり、それは公共の場所に限ったことでした。

ボラれることのないタクシーに乗り込み、マラテ地区へ向かいます。

マラテにはMSFの外国人派遣スタッフの宿舎があります。宿舎といっても高層中級マンションの部屋です。

タクシーを降りるとそこは盛り場でした。日本語の看板を掲げたキャバレーがあり、店の前では制服のような赤いミニワンピースをまとった女の子たちが「らっしゃいませー」と高い声を張り上げます。少し離れたところで見ている屈強な体つきの男たちは用心棒でしょう。他にはコンビニと薄暗いホテルくらいしか見当たりません。

警備員の横を通って宿舎に入ると、ハリウッドスターのようにスタイリッシュな二人が待っていました。アメリカ人の活動責任者ジョーダン・ワイリーと、その妻で同じくアメリカ人のエリンです。夫婦でミッションに向かうのは珍しいことですが、マニラのプロジェクトにはもう一組、スペイン人と日本人の夫婦がいるとも聞きました。

ワイリー夫妻はこのマンションで生活し、また別のスタッフたちは近くのマンションにいました。スタッフが集まるこのマラテ地区は一般的にはあまり評判のよくない場所ですが、ジョーダンは言います。

「決して危ないところではないよ。明日からセイコーが訪れるスラム地区だって、言われているほど危険ではない。住人はきわめて親切だよ」

それでも取材には車の送迎を用意してくれました。リスク回避が必要だということです。

## 都市部のMSF

一一月二二日の朝、建物を出ると白いバンが待っていました。フロントガラスの端に小さくMSFのシールが貼られています。ハイチと同じく外国人派遣スタッフは決められた車で移動しますが、四駆が必須でない地域では車体脇に目立つように名前を貼ったりせず、カスタマイズを最小限にとどめています。

また、マニラでは車の出発前と到着時に氏名を確認しませんでした。現地オフィスがスタッフの動きを逐一把握するスタイルではなく、自分たちで視認する程度でよいそうです。

エルミタ地区にある現地オフィスに向かいます。

MSFは度々フィリピンの災害時に出動をしていました。一九八七年に始まり、数度の地震や津波被害への緊急救助活動がありました。二〇一三年の台風三〇号ハイエンのときは、台風被害が深刻なだけでなく、治安が悪化して武装集団と治安部隊の銃撃戦も起きました。

ハイエンでのミッション時、MSFはフィリピンに「錨を下ろして」活動する必要があると判断しました。これは特異なことです。MSFは〝緊急〟援助に重点を置き、〝災害や紛争があればすかさず現地入りする組織〟です。先進国や新興国（中所得国）で災害が起きた場合、MSFは風のように現れて風のように去っていきます。

そんなMSFがなぜ、フィリピンに継続的な支援が必要だと結論づけたのか。

「理由はトンド地区だ。ここがおおむねスラムとなっている。我々の活動はスラムの援助だ」

活動責任者のジョーダンが言いました。

トンド地区はマニラの南、パシッグ川の北側にあるおよそ九キロ平方のゾーンです。ここに六〇万人が住んでいます。三キロ平方に二〇万人、一キロ平方に七万人。人々は過密地域で貧困に苦しみ、医療不足も暴力も発生しています。

トンド地区の対岸、パシッグ川を挟んですぐ南側のイントラムロスは、一六世紀のスペイン占領時に建てられたマニラ最古の地区で、現在は公園として整備された観光地です。しかしそこにも人口密集地があり、狭い区域におよそ一万人が暮らしています。

ジョーダンはスラム地区を把握するのに、世帯数と別に、「バランガイ」という単位を使っていました。たとえばAエリアでは世帯数が一六〇〇、バランガイ数が一二〇、といった具合に。

「バランガイ」とは、ジョーダンに言わせれば「ネイバーフッド」、私なりに訳せば「村」のようなもので、それぞれに長が選出される自治組織です。マルコスの独裁政権下で体系化されたもので、マルコス以前にあった「バリオ」という仕組みが下地にされています。

ただし「村」と違って血筋や出身地とは関係がなく、南方からの移民が参加することもあるといいます。第二次世界大戦時の「隣組」のようなものでしょうか。フィリピン全土で五万強のバランガイがあります。

トンド地区はこうしたバランガイがひしめいて成立しています。ちなみに貧しさのシンボルとして知れ渡ったスモーキーマウンテンというゴミ集積場は、このトンド地区の中にかつてありました。

## 現地組織リカーンと手を組んで

「錨を下ろす」ことともう一つ、マニラのプロジェクトが稀な点があります。

現地の医療NGOと連携していることです。「LIKHAAN（リカーン）」という団体と共にスラム地区のヘルスケアにあたっています。

前節で、地中海で他団体と共同して救助船を出していることに触れましたが、それは技術や装備の面から進められた方針であり、医療NGO同士の連携とは異なります。

リカーンは医師が創設した地元NGO団体で、社会から取り残された女性と家族を対象としたリプロダクティブ・ヘルスケアの提供を活動の主目的としています。

故マルコス大統領の独裁時代、メンバーは反マルコス・グループとして非暴力運動を展開し、一九八四年から「Gabriela」という女性団体の一部でしたが、一九九五年に一三人でリカーンとして独立しました。

リカーン創設者の一人であり、現在ＭＳＦと協力関係にあるジュニス・メルガー医師は、地下活動を長く行い、公民権を奪われて保険医療サービスも受けられず、出産が困難だった経験があります。「もっとケアの質を上げられる。総合的に妊産婦ケアができる病院ができたら、それは夢のようなことね」と彼女は言っていました。

リカーンは医師、看護師、助産師が中心となってコミュニティに根づいたクリニックの活動を進め、しだいに思春期の子どもたちにも救援の手が届くようになり、国連からも研修方法の連携依頼があるほどになりました。

「他にも援助団体はあるし、リカーンは決して有名ではない。そのへんの道で聞いても知らない人はたくさんいるだろう。だけど、スラムで彼らを知らない者はいない。ここが重要なんだ。困窮した人々に絶対的な信頼がある」とジョーダンは言います。

リカーンと組むことでスラムのより奥までリプロダクティブ・ヘルスケアを行き届かせることができる。ＭＳＦはそう決断したのです。

リカーンと共にファミリープランニングを広めることの他に、性暴力の調査と対処、子宮頸癌の検査・治療と予防、無休の産科の設立、性感染症の予防と治療、医療保険加入へのサポート、巡回医療の確立などをミッションとしています。

プランは数多くあり、始められるところから確実に進めようとしていますが、中にはフィリピン社会ゆえに難しい問題もあります。

フィリピンでは多くの人がカトリック教徒です。カトリック教会では中絶が大罪とされています。二〇一五年にはようやく、中絶を経験した女性に「赦し」を与える権限を全司祭に与えると法王が表明しました。しかし二〇一八年には「中絶は殺人請負人を雇うのと同じ」と法王が発言し批判されました。

法王の迷走ぶりを措いたとしても、信者は出産を選ばざるをえません。中絶に対する周囲の反発が強く、避妊に抵抗があり、あるいは避妊を知らないからです。

妊娠すれば産まねばならず、育児にまた金がかかり、貧困家庭はより貧困になり、子どもにも貧困が受け継がれてしまう。そんな悪循環に陥ります。

さらに複雑な問題が横たわっています。フィリピンはすでに貧困国でなく中所得国です。そのため国際機関や団体からの援助の順位が下がります。薬価をとっても、貧困国は安くなりますが、フィリピンは一般価格です。

国内にどれほど広大なスラムがあっても、国全体が中所得国と評価されるために、実は貧困国よりも援助が行き届きにくくなるのです。

バンに乗り込み、トンド地区に向かいます。
オフィスを出発してすぐ、芝生の緑が美しい公園が見えました。
しかし公園地帯を過ぎて川を渡ると、掘っ建て小屋が集まる一帯でした。巨大なトラックのタイヤが積まれ、その脇には大量の土砂とゴミが山になっています。ゴミ置き場ではありません。後ろに崩れた木造の家が並んでいます。建て増しがくり返されて歪んでいます。小屋の間を縫うように、人がぎりぎり通れそうな道がありました。ひどい密集度です。

上半身裸の男たちや丸裸の子どもがうろうろと歩きまわり、数人の女性が道路の中央分離帯に横になって眠り、その横をトラックが通り抜けます。頭上の電線はぐちゃぐちゃに絡まっています。

イントラムロスの観光地やマカティというバブリーな高層ビル群と隣接しているというのに、このスラム地帯は行けども行けども終わりが見えませんでした。

スラム内の狭い道に入り、三階建ての広めの家に入ります。リプロダクティブ・ヘルスケアのための拠点の一つです。

黒いワンピース姿の中年女性が待っていました。浅黒い顔にがらがらとした笑い声が威勢よく、体をぶつけるようにして歓待の意を示してくれます。リカーン側のプロジェクト・コーディネーター、ホープ・バシアオ＝アベッラです。

プロジェクトの責任者であり、もともと活動家であるホープは、ファミリープランニングの遅々たる進み方に満足していません。中でもホープが口にしたのは、五年ごとに更新される医薬品の使用許可のうち、避妊薬に関して最高裁がまだ結論を出しておらず、それまで使っていた避妊薬が不許可になったらどうすればいいのかという問題でした。

それから避妊用インプラントの値段、フィリピンでの過去の使用率データ、生命を個体とするのは受精からか出産からかという議論、薬事法の変遷など、問題は多岐にわたります。

「子どもを持つかどうか。それを教会、政治、法律、隣人が決めてしまうのが私たちの国なのよ」

こう言った後、ホープは真顔に変わっていました。

## 女性を守る医療

一一月二三日も朝からトンド地区へ向かいます。

道路沿いの小さな二階建ての医院に寄ります。ここはＭＳＦとリカーンが共同運営していて、リプロダクティブ・ヘルスケアに特化した医療機関です。無料で医療を提供しています。

ちょうど数人の女性スタッフが狭いリキシャに乗り込み、「アウトリーチ」(医療を必要としている人々を見つけ出し、診察や治療を行う活動)のために出かけるところでした。ここで行われているのは地元の人たちに向けたファミリープランニングの啓蒙活動です。

医院の中に入ると、木の机に厚いノートが置かれた受付に、若く寡黙な女性が一人ついていました。その前にはプラスチック椅子が並べられ、数人の女性が座って順番を待っています。脇にある体重計に一人の女性が乗ると、彼女が抱いていた乳児を受付の女性がみずから預かりました。体重計は分銅と釣り合わせて重量を測るタイプの古いものでした。

診察室に入ると、子ども用かと見まごう簡素な小型ベッド、患部を照らすライト、冷たい窒素の出るボンベ、そして酢の瓶がありました。ボンベと酢は初期の子宮頸癌の治療に使うもので、感染している患部は酢で変色するため、その部分を窒素ガスで凍らせて除去するのだそうです。

あまりに簡素でした。たしかに目的が明確だから豪華にする必要もありませんし、医師たちはこの環境に合わせて治療を行っています。でももっと資金があれば、性能の高い器具を揃え、プライバシーを十全に守ることができるのに。そう願わずにはいられません。

チャンダ・U・フエンテスさんは四一歳の女性の患者さんです。「ブルックリン」という文字が大きく描かれたTシャツを着て、茶色の染め髪にピンクのリップが映えています。ファミリープランニングについて小声で顔を赤らめながら話してくれました。

二〇一三年からIUD（子宮内避妊器具。T字形のプラスチックの先にナイロンの糸のようなものが付いていて、子宮に入れておくことで受精卵の着床を防ぐ）を入れていましたが、建設業を営む夫がニュージーランドへ働きに出たため避妊が要らなくなり除去。しかし一ヵ月後に夫が帰ってくるので、もう一度入れてもらいに来ました。ピルは体に合わないそうです。

すでに一八歳から五歳までの三人の子どもがいて、もうこれ以上は産みたくないし、育てることもできない、と彼女は考えています。

しかしフィリピン男性は避妊を〝男らしくない〟と考えがちです。

それでいて男たちは育児を女性にまかせっきりにしてしまいます。稼ぎも足りません。結局、母親が自分の食べる分を減らし、寝る間も惜しんでアルバイトに出ます。

「裕福なんて、私の育ってきた環境では手が届かないほど遠くにしかありません」

女性個人の努力ではどうしようもない、構造的な男女差別が立ちはだかっています。

## コンドームを知らない人へ

次に向かうのは自治組織バランガイの二二〇番です。スマホで地図を開いても、バランガイ二二〇がどこにあるのかわかりません。ところどころで情報をもらいながら、ようやく私たちはバランガイに車を近づけました。

道路脇に大きなコンクリートの施設があり、その前に横長の集会所のようなものがあります。屋根と柱だけで組まれたスペースに、プラスチック椅子が一〇個×一五列ほどで並んでいます。

先ほど私たちより先にリキシャで出発した女性スタッフの一人が、三〇人ほどの住民を前にマイクで話しています。男性と女性の性器の断面図が置かれ、それをスタッフが説明すると、聞き手たちは間の手を入れたり、質問に答えたり、照れたように笑います。

ファミリープランニングが男女双方にどのような利点があるか、政府に任せるだけでなく自分たちで知ることがいかに必要か。スタッフが訴えると、聞き手たちは前向きな声を出して応えます。一回の射精でどれくらいの精子が放出されるかという話になると急に静まり、数億だと聞き及ぶとたんに騒がしくなります。

教育経験が乏しいのです。彼らは知識を身につけ、生活に役立てたいと思っています。けれど学ぶ機会がありませんでした。

この講習は名前を登録すれば受けられる仕組みで、中には白髪のおばあさんもいました。

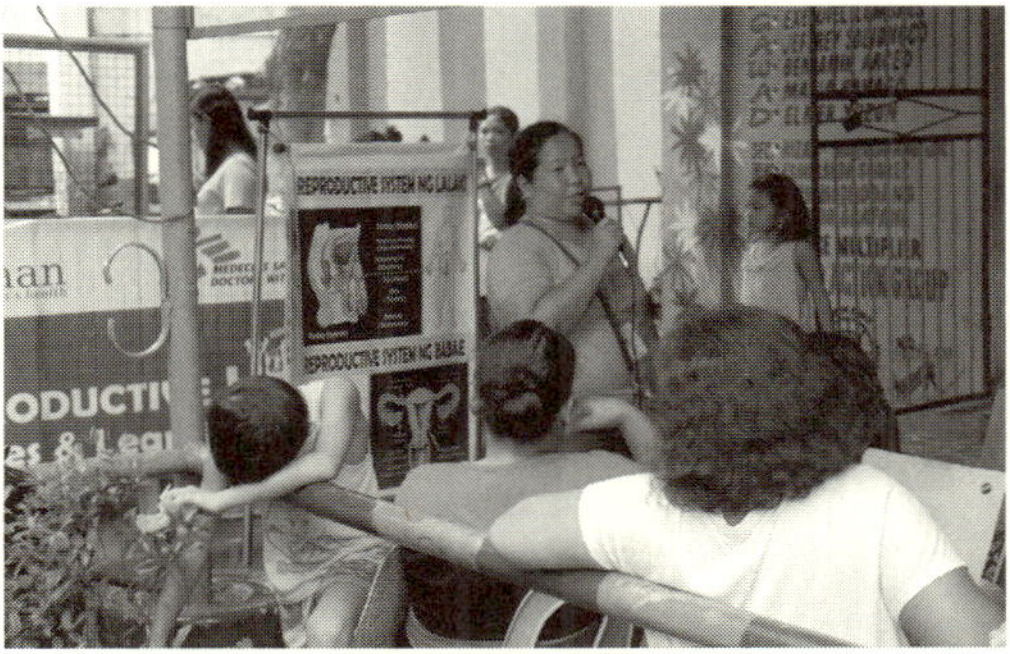

ファミリープランニングの重要性を訴えるスタッフ

集会所の隣にはデイケアセンターがあります。派手な原色で塗られた壁に、バランガイの数字と飾り文字が描かれています。

中に入るとセッションが行われていました。数人の女性たちが集まって、看護師の話を熱心に聞いています。木製のペニスが机の上に置かれると女性たちは明るく恥ずかしそうに笑い、説明を聞き終えるとスマホで写真を撮っていました。

しばらくして看護師はコンドームを出して、ペニス型につけました。すると写真を撮っていた女性が手を止めて見入ります。子どもを抱いた母親が目を丸くしています。

彼女たちはコンドームの付け方さえ知らなかったの

でしょう。

セッションの近くでスタッフがコンドームの配付を始めました。

写真を撮らないようにと、私は事前に注意を受けていました。トンドの人々は自分らが避妊をすることを知られたくありません。誰かが小箱を受け取るたびに、本人も周囲も恥ずかしそうに笑いました。箱を嗅いでみる青年もいました。

スタッフは誰に箱が行き渡ったかをノートに記録していました。

## 現地スタッフの背景

クリスティン・T・タレスは先ほど医院の受付で働いていた女性で、三〇歳の既婚者で三人の子どもがいます。夫は大工で、彼女はニンニクの皮むきで家計を支えていました。そのかたわら、二〇〇八年からアウトリーチの手伝いを始めました。

五年ほど前、四人目の子どもを出産直後に亡くしました。瀕死の子どもをトライシクルに乗せて病院を回りましたが、どこも受け入れてくれませんでした。彼女は走るトライシクルの中で、もう子どもは作らないと決めたといいます。

失意の底にいた彼女に医院で働くよう勧めたのは、リカーンの一員である女性でした。

自分のような女性を増やしたくないと考え、リカーンが行っている避妊薬の許可を求める最高裁前のデモにも参加しています。寡黙なクリスティンですが、誰よりもエモーショナルに抗議をするのだそうです。

「私はこの活動を続けたいと思っています。なにしろここはすべて無料なのです。みんな来たがっています。たとえ朝の五時に起きてでもここへ来て助けてほしいのです。私はそういう人のお手伝いをしたい」

彼女は二〇一〇年から避妊用インプラントを体に入れ、二〇一四年に二回目の処置も行いました。亡くなっていく赤ん坊を二度と見たくないのです。


アントニー・タネオは医院の看護師です。ふさふさの髪に、柔らかく組まれた長い足が印象的でした。

「日本語わかる、少しだけ」

新宿にいたことがあるといいます。

政府系の病院で働いていたアントニーは、二〇一四年一月にここに移りました。公立病院は安定した職場だっただろうに、「NGOが草の根運動で開いている医療機関」で働きたかったといいます。

リカーンの病院はリプロダクティブ・ヘルスケアに特化していてユニークであり、女性と子どもの権利を守る姿勢があらゆるセクシュアリティの権利運動と結びつきうると考えたそうです。アントニー自身がセクシャルマイノリティです。

くわえて公立の診療所などでは資金不足から、塩の現物支給を給与とするなんてことがいまだに行われているのだと教えてくれました。

アントニーはジプニーやトライシクルで医院に通い、一日に五〇人から一〇〇人を診ています。

「リカーンはリプロダクティブ・ヘルスケアを通して、実は性暴力に傷ついた女性、虐待を受けた子ども、そして貧困に苦しむ人々を受け入れているんです」

リプロダクティブ・ヘルスケアの奥にある核心部分に触れました。

## 日本人スタッフの機能

日本人の看護師、菊地寿加さんはマニラに来て八ヵ月になります。当初の任務期間は過ぎたのですが滞在が延び、さらに日本に一旦帰ってまた戻ってくる予定だといいます。ワクチンが届くのに時間がかかってしまったからです。

ＭＳＦの外国人派遣スタッフは赴任地で必ず何らかのマネージャーとして責任を持ちま

す。医療チームで予防接種マネージャーを担当している寿加さんは、中途半端な状態で帰国できないと考えました。

医薬品の輸入にはとても時間がかかります。薬剤が手元に届いても、許可が下りるまで使うことができません。おまけにこのとき、一週間後がクリスマスというタイミングでした。カトリックの多いフィリピンは休暇モードに入ります。

「フィリピンの税関はリストをかなり細かく出さないといけないので、ますます時間がかかります。ノルウェーからフランスのロジスティック・センターを経由してマニラに運ぶはずだったんですが、いろいろともつれまして。その間にもワクチンの有効期限は迫ってくるのでこっちはヒヤヒヤです」


話を続けるうちに、寿加さんと広報の谷口さんが口を揃えて言ったことがありました。日本人はチーム内で調整機能としてうまく働けるということです。

たとえばアフリカの活動地ではスタッフの出身国や言語の背景などから、ヨーロッパ系、アフリカ系が各々自分たちだけで集まってしまうことがあるそうです。そんなとき、自分は真ん中にいるように心がけているし、日本人はそれを期待されていると思う、と。

ほとんどの場合、日本語を話す人はチームに一人ほどだそうです。グループは相対的に自己主張が強くなりますから、数の少ない日本人は逆に調整機能を果たすことができるというわけです。

日本が平和を重んじて外に軍隊を出さないという点も、国際社会の調整役として信頼につながっていたと別のところで聞きました。ですから、武器使用を許された自衛隊が南スーダンに駐屯することがニュースになったときは、他国のスタッフからも惜しいという声がありました。

寿加さんは思ったことをすぐに口にしてしまうのでよく注意されるそうです。それで胸ぐらをつかんできたアフリカ人と、助けに入ったヨーロッパ人と、背の高い二人の間で寿加さんの体はぶらぶらと宙に浮いたといいます。

彼女が徒手空拳の小柄な日本人女性でなければ、単に殴り合いになったのではないでしょうか。殴れば致命傷になるほど小さく弱い者だからこそ、相手は宙に浮かせるしかなく、助ける者も出てきたのです。

人間関係や外交戦略を考える上で、実に醒めたリアリズムがここにあります。

「ＭＳＦを聖人君子の集まりみたいに見ないでほしいです。休みにはビール飲んで、文句たらたら言って、悪態ついて、それでも働いてるんです。だいたい、『国境なき医師団』

ってなんか四角い感じじゃないですか？」

寿加さんが言うと、谷口さんも言葉を加えました。

「そう、いかにもマッチョみたいな、ね」

「海外ではMSFなんですよね。もっと丸いっていうか、日常的というか、そういう活動だし、集団なんです」

国際社会の中でMSFが期待されているのは、まさに女性的な活動という面ではないでしょうか。そうでなければ、あいかわらず力の強い者が支配する世界は変わりません。ハイチでもギリシャでも私はそれを見ました。〝丸いっていうか、日常的というか〟、そのしなやかな力がミッションには不可欠なのでした。

## 鍋をかぶった小さなデモ隊

一一月二四日、バランガイの奥の広場で「ノイズ・バラージュ」がありました。「大騒ぎの弾幕」という意味のパフォーマンスです。

スタッフと地元の女性たちが広場に並んでいたプラスチックの椅子を片付けると、たくさんの子どもたちが流れ込んできました。男の子も女の子も一緒で年齢も様々で、コンクリートの上で走ったり蹴りあったり遊び始めます。羽目を外しすぎた男の子が女の子の髪の毛を引っ張っていると、バラックから飛び出してきた母親がこっぴどく叱っていました。

私はスラム地区のバラック小屋に幼少期の東京の横丁を、ノイズ・バラージュに路地で遊ぶ子たちを思い出しました。かつては日常に子どもの姿があった。でも今の日本では、ベビーカーを嫌がり、車内の泣き声に顔をしかめる大人が多くなりつつあります。子どもの存在を排除すれば、人間らしい日常性そのものが失われるのではないでしょうか。

広場に不思議な女性が現れました。頭に鍋をかぶっています。よく見ると彼女の他にも、女性たちがぶらぶらと集まり、鍋やしゃもじやフタを手にしています。三〇代から六〇代ほどの女性たちが、三〇人ほどでしょうか。メッセージが書かれた黄色い紙を持つ人もいて、タガログ語や英語で「ファミリープランニングをしましょう！」と書かれてあります。

やがてリカーンのマゴアリナ・D・バカランドが拡声器で呼びかけると、女性たちは恥ずかしげに、しかしだんだん熱を帯びた調子でスローガンを唱和しました。ファミリープランニングをしましょう！　ファミリープランニングをしましょう！　鍋やフタが打ち鳴らされ、けたたましい金属音が高らかに鳴り響きます。

また驚いたのは、いつも無口でにこやかな健康教育担当スタッフのジュニー・アベラが大声で唱和し、時には女性たちをリードしていることでした。彼もまた明るい活動家であり、人は声を上げて主張すべきだと確信しているのです。

「ファミリープランニングをしましょう！」

誰に向かってとも言いがたいデモンストレーションでした。国会へ、省庁へ、バランガイの男たちへ、夫へ、いつか訴えるときの予行演習のようにも見えました。それは自分の意識を高めるための声であり、自分を鼓舞するための声でもあります。

## いつでも行ける、いつでも来てくれる

一一月二五日はサン・アンドレスというスラム地区に行きました。雨が降って肌寒い日でした。太い道路が通っていて、バランガイの奥の広場のような安全のないエリアです。道の両側の建物も壊れ、折れた木材が突き出し、穴が貫通したままでした。建物に雨が吹き込んで水浸しです。「貧民街」という言葉が頭に浮

かびました。

リカーンとMSFがリプロダクティブ・ヘルスケアの拠点にしているもう一つのクリニックがここにあります。中に入るとほとんど民家でした。透明ビニールが掛かった大きめのテーブル、ばらばらの椅子、古いクッション、壁にはポスターや予定表が隙間なく貼られ、冷蔵庫がブーンと鳴っています。

奥には相談室と処置室があります。若者が妊娠などで悩むとここに駆け込みます。避妊のための器具もここで与えられます。

ここまで来られない若者たちのために月に一度のアウトリーチも行われていて、白板に予定が書かれていました。スタッフがバランガイに出向いても、そこは屋外なので天候に左右されて人が来られないことが多々あります。このクリニックのように、いつでも誰でも来られる施設が必要なのです。

コミュニティ・ヘルス・モビライザー（地域保健推進員）のエマは言いました。

「ここでは相談や治療だけでなく、スタッフのトレーニングや若者たちへの講義もするんですよ。そう、この大きなテーブルをどけて、スペースを作ってね」

いかにもリカーンらしい、医療付きの公民館のような役割です。コミュニティ・ヘルス・モビライザーは住民との架け橋になっています。

「これも見て。カップルが恋愛について話し合う動画よ。私たちは今風のメディアを教材にして、若い人たちの理解を得られるように努力しているの」

エマはユーチューブを見せてくれました。彼女たちは一三〜一九歳という思春期の男女に向けて力を入れて活動しています。多感な時期に避妊に疎いのは、日本とて同じです。


同行していたプロジェクト・リーダーのジェームスが細かい質問を始めました。

「インプラントと他の避妊具との使用率のデータはあるかい？」

「インプラントを望む女性はなぜそれを選ぶんだろう？」

「現在インプラントを使用している女性がすでに平均何人の子どもを持っているかデータはある？」

エマたちは資料をひっくり返し、コンピュータにアクセスし、残念そうに首を横に振ったりもしました。

ジェームスは温厚な調子で言います。

「フィードバックはとっても重要だと思うんだ。僕もみんなもお互いにいろんなデータを知っていたほうがいいし、それはバランガイの人たちにも知らせたほうがいい。

我々はその上で選択肢を並べてみせることしかできないんだと思うよ。なんにせよ強制は絶対によくないことだから」

地域の人たちを理解し尊重しなくては、彼らが提供する医療は根づきません。さらにジェームスは「錨を下ろした」活動ゆえの、一歩も二歩も先を見据えていました。

「この場所に関してはインフラ重視ではなく、どこにでも出かけていけるモバイルクリニックを厚くしているんだ。で、もう一人医師を補充できれば子宮頸癌のプロジェクトにも着手できる」

少しずつでも着実に、彼らは前に進んでいます。

## ミッションを遂行する者たち

MSFマニラオフィスでジョーダンとジェームスの二人に話を聞きました。

リプロダクティブ・ヘルスケアのミッションを取り仕切っているMSF側のトップが、活動責任者のジョーダン・ワイリーです。米国ポートランド出身の三七歳。冒頭でハリウッドスターのようだと書きましたが、スキンヘッドで顎と鼻の下に短い髭を生やした屈強な男性です。

母子家庭で育った彼は、六人の弟と一人の妹を持つ身として家計をどう助けるかを考えていました。警察官に憧れ、一〇歳の頃には人助けがしたいと思っていました。テレビでアフリカの人道危機を知り、自分が役に立てればと思ったのは一一歳のときです。

成人すると、一般病院でスタッフ・トレーニングや災害救急マネジメントなどの仕事につきました。地震やテロ攻撃など多数の被害者が出るような事態において、病院はどのような対処をすべきかの計画立案や訓練をしていました。

そんな折、ＭＳＦでアフリカに赴任した友人から誘われ、二〇〇七年にＭＳＦに登録。以降、ロジスティシャンとしてナイジェリアの緊急援助などに参加してきました。

二〇一〇年に彼はハイチのミッションに参加しており、大地震を体験しました。

「小さなアルマゲドンだったよ。周囲のビルもＭＳＦの病院も崩れ落ちた。人材も医療品もＭＳＦとして確保されているのに、残念ながら病院がないんだ。それでロジスティシャンとして場所を緊急に設計して、木の板でベッドを作ったし、シーツで天井を作った。足りない物は瓦礫から拾ったよ。コンテナの中で手術もしてもらった」

彼はそこで七人のスタッフと、たくさんの患者を亡くしました。

ＭＳＦは災害などの緊急援助にあたったスタッフを必ず休ませます。地震後一〇日間にわたって働きつめたジョーダンを活動責任者は母国に戻しました。彼本人はまだまだやることがあると反発したそうです。

「でも、今思えば正しい判断だったよ」

彼はそれ以上語りませんでしたが、ＰＴＳＤがあったに違いありません。ミッションを続けていれば彼は壊れかねませんでした。

それでも二年後、彼はハイチのミッションに戻りました。同じように戻る仲間もいました。やり残したことを自分の手でやりたかったのでしょう。責任感が強い人です。


シリアにも何度か入りました。二〇一三年には銃を持った者が病院内に侵入し、彼ともう一人のスタッフがスパイと間違われました。殺されるか誘拐されるかどちらかだと察したそうです。地元の村の人たちが救出に来て、「この人は私たちに医療を提供してくれているのだ」と説得してくれて難を逃れました。

彼は人道援助の空間が守られないという事態に直面して、それまでの活動では経験したことのない無力さに打ちひしがれたといいます。

マニラの前には妻のエリンと共にチャドにいました。女性に暴力をふるうことで悪名高いボコ・ハラムが跋扈する土地で、終日ＭＳＦの敷地内にこもる毎日。エリンの安全もストレスもきわめて心配でした。だから今マニラにいて安心だ、とジョーダンは言います。

「ここでの活動は歩みが遅いながらも、諦めずに計画を前に進めている。MSFとしてもこれはチャレンジだ。今までのように〝絆創膏を貼る〟（事態の根本的な解決はその国にまかせ、緊急援助のみに集中する）だけでなく、問題の内部に自ら入っていくんだ。しかもフィリピンは女性政治家も多いし、女性の力が強い。アメリカも日本も見習うべきだ。ただしリプロダクティブ・ヘルスケアが弱い。そこをどう援助していくか」

現地の問題にどう関わるかを配慮しながら、同時にその国のよさを世界にどう輸出するかを、彼は考えていました。惨状を伝えるだけではない証言活動のあり方を教えてもらった気がします。

ジョーダンはなぜMSFを選んだのでしょうか。彼は簡潔に答えました。

「自分が何をしたいのか、ここにいるとそれがわかる」

抽象的なようですが、人生にとってこれほど具体的な満足があるでしょうか。

**プロジェクトの新しいパッケージ**

プロジェクト・コーディネーターのジェームス・ムタリアはケニア出身です。巨漢の彼はすごく照れ屋で、自分のことをあまり話したがりません。でも質問をすると、落ち着いた小さな声で的確に答えてくれます。

彼はもともと母国の国際企業にいました。頭脳明晰なジェームスなら企業で成功したはずですが、二〇〇五年にＭＳＦの国内医療スタッフになりました。医師と看護師の中間にある、準医師という職種だったそうです。その後、ＵＮＨＣＲ、他のＮＧＯのマネージャーを務め、二〇一〇年にＭＳＦに戻りました。

スーダンの北ダルフールで九ヵ月プロジェクト・コーディネーターをし、翌年からジンバブエでＨＩＶ／エイズ結核プロジェクトに参加、二〇一三年にインドで同様のミッションを行いながらＣ型肝炎や性暴力被害から人々を救う活動を行いました。そして二〇一五年、パキスタンでのリプロダクティブ・ヘルスケア、そして子どもの栄養失調に関する活動に参加しています。

控えめな彼は自分からアピールはしませんが、一貫して弱い立場の人々に関わり、自国を出てミッションに人生を捧げ続けています。

マニラでのリカーンとの活動について質問すると、彼は小声で答えました。

「パートナーシップを組んで長期プロジェクトを行うというのは、一つのパッケージとして他でも今後試せる形なんですよ。それを僕たちはゼロから始めています。

性暴力やリプロダクティブ・ヘルスケアは時間がかかります。こちらが何をしたいかを伝えて、人々が自国のありように疑問を持って、施設ができて、信頼を勝ち得て、偏見を減らしながら政府とも連携して……ね？」

根気強い証言活動による訴求を続けながら、彼は新しいパッケージの可能性をつかんでいました。

「来年からは性暴力被害者への活動も始めます。つまりファミリー・プランニング、妊産婦ケア、性感染症対策、子宮頸癌の治療と予防、性暴力被害者支援という柱でやっていくことになります。ともかく必要な医療が受けられる状態にしなければいけません。そしてスラムのたくさんの人が来てくれることが重要です」

さらに興味深いことを言いました。

「来年は人類学者も心理学者も、回診車も来ます。フィリピンの文化がどう作用しているか、我々は知るべきです。そして同時に外に出ていって診療の機会をできるだけ増やします」

手の打ち方に抜かりはありません。〝時間がかかる〟問題に、ジェームスたちは確実な処方箋を出していました。

## 少年少女のもとへ

最終日の一一月二六日、早朝から小雨のトンド地区へ向かいました。

川沿いに建てられた竹製の小屋で待っていると、一一歳から一五歳くらいの少年少女たち十数人が集まってきました。スタッフがせっせと名前を書かせて、子どもたちをベンチに座らせます。

子ども向けの啓蒙活動です。男性器と女性器の断面図を見せながら生殖の仕組みを講義します。講義者は「今みんなの体には変化が起きているでしょう」「心にも変化は起きていて、それぞれ男女として魅力が出てくるよね」と話しかけながら、精子の話、月経の話、妊娠の話など、より身近な事柄に迫っていきます。

多感な時期の子どもたちは戸惑ったり照れたりしていましたが、しだいに顔つきが変わりました。話を聞き、質問に答え、譬え話にうなずき、時には声を上げて笑います。短い間に彼らは成長しているのです。

「人を好きになったことあるひと──？」

たくさんの子が手を挙げました。人を好きになっても安易に性行為をしてはいけないし、ＨＩＶにも気をつけなくてはいけないと教わると、子どもたちは真面目な顔で何度もうなずいていました。

最後に健康教育担当のジュニーがみんなを立たせ、「1・2・3」と拍手させ、右足を「1・2・3」と踏ませ、「イエス！　イエス！　イエス！」と叫ばせました。まるで「ノイズ・バラージュ」の基本篇です。こうやってマニラっ子は団結力を養い、自分たちを守るのですね。

すべてが終わるとチョコクッキーとペットボトルのお茶が配られました。これはフィリピンでのあらゆる集会の約束事だといいます。子どもたちに手渡しながらジュニーはなお、「性暴力や虐待を受けたら僕らでも他の団体でもいい、泣き寝入りしないでバランガイの大人や警察に言うんだよ」と話しかけていました。

# 第四章　ＭＳＦ日本インタビューⅡ

あらためまして、ここからまた日本人スタッフの方々に語っていただきます。ご登場いただくのは、ＭＳＦ日本会長の加藤さん、日本人初の活動責任者となった村田さん、ファンドレイジング部の吉田さん・荻野さんです。

私にできる人道援助ってあるのかな？　できればＭＳＦに参加してみたい。でも、仕事はどうしよう。家族と相談もしなきゃいけない。なにより体が丈夫じゃないし……。そう思った方も少なくないのでは？

でも、いろいろな人のお話を聞くうちに、単純な事実に気づきます。ＭＳＦに参加するには、寄付という道もあるんです。

## 国境なき医師団日本会長　加藤寛幸さん

苦悩する会長、無力さに向き合う会長、絶望に打ちのめされる会長――こんな会長、他に見たことがない。

「半年間に一〇〇人を看取ったと思うと僕は今でも頭が狂いそうになります」

救えた命よりも救えなかった命のことを考え続けている人。厳しい現実に馴れてしまうことなく、真摯に打ちのめされては、淵から這い上がるようにまた行動する。

朴訥とした語りからこぼれだす熱気、それが加藤さんのすべてだと思う。

ＭＳＦは会長をはじめ理事会の重職が無給であることも付記しておきたい。

---

**プロフィール**
専門は小児救急、熱帯感染症。東京女子医科大学病院、国立小児病院、豪州シドニーこども病院、長野県立こども病院で小児救急、集中治療に従事。二〇〇七年より静岡県立こども病院に勤務。二〇一四年に同病院小児救急センター長を辞職。以後、ＭＳＦに専念している。
二〇〇三年より、ＭＳＦの医療援助活動に参加。主に医療崩壊地域の小児医療を担当。二〇一〇年三月〜二〇一二年三月、二〇一四年三月〜二〇一五年三月までＭＳＦ日本副会長。二〇一五年三月より会長。

**―ＭＳＦ活動歴**

二〇〇三～二〇〇四年　スーダン・ミゴマ（ハルツーム）：孤児院での小児科医療
二〇〇五年　インドネシア・アロール島：感染症の緊急予防接種
二〇〇五年　パキスタン・バグ：パキスタン北部地震緊急援助
二〇一一年　日本・宮城県：東日本大震災緊急援助
二〇一四年　南スーダン・アウェイル：新生児を含む小児科医療など
二〇一四年　シエラレオネ・カイラフン：エボラ出血熱対策
二〇一五年　アフガニスタン：新生児を含む小児科医療
二〇一六年　日本・熊本県：熊本地震緊急援助
二〇一七年　バングラデシュ・マイナーゴナ：ロヒンギャ難民救助

---

**損をするほうを選びなさい**

国境なき医師団と聞いて、「お金持ちのお医者さんたちがやっている活動でしょう？」と敬遠されてしまうことがあります。たしかに医師には恵まれた人が多いですね。でもＭＳＦは医師だけの活動ではないですし、富める人や地位の高い人の集団でもありません。

僕自身の生い立ちを聞いてもらえればわかっていただけるかもしれないですね。

空港建設の仕事をしていた父が転勤族で、僕は生まれたときから全国を転々としました。やがて父の地元である福井に家族で移り住み、父は単身赴任で離れて暮らすようになりました。そのまま両親が離婚して、調理師の仕事をしていた母は昼夜なく働き通して僕と姉を食べさせてくれました。当時は寂しくて泣いたものですが、今は縁の薄い土地で子どもを育てた母の苦労を思います。

僕は小さい頃からパイロットになりたかったのですが、視力が弱くて、高校三年生まで視力回復センターに通ったものの夢は叶いませんでした。そこで北海道大学の理学部に入学しました。ところが今度は体調不良に見舞われました。真っ赤な尿が出て、いろんな検査を受けたのですが原因不明でした。自分の体さえわからないという無力感が込み上げて、なんだか腹立たしい気持ちになったのを覚えています。

その頃ふと思い出すようになったのが、高校三年生のときに亡くなった親友のことです。マラソン大会で熱中症から腎不全を起こして亡くなってしまったんですけど、彼は医師を目指していました。彼の遺志を継ぐというほど意識的ではなかったですが、無力感と悔しさの記憶が僕を医療に向かわせたのかもしれません。

北海道大学を中退して、島根医科大学（現・島根大学医学部）に入学しました。高級車で登校する学生たちに目が眩みました。アルバイトに明け暮れる僕は彼らのことが羨ましくて、一日も早く稼いで見返してやりたいという思いにとりつかれました。でもそのモチベーションはしっくりこなかったんです。そんな動機じゃ長続きするわけなかったんですよね。

　受かるとばかり思っていた医師国家試験に合格できませんでした。一年浪人して、昼は保育園や家庭教師のアルバイト、夜は国家試験の勉強です。その間にも同級生たちが医師になっていくのを見ては焦り、部活に顔を出しては「試験に失敗した先輩」として鬱陶しがられて、孤立してしまいました。

　そんなときです。僕はふと教会に向かっていました。田舎の古くて小さい長老派の教会で、学生時代に友人が連れていってくれた場所です。四〇代半ばのおばさんで、少し体が弱くて、破格に優しい方がいました。僕は孤独感にさされていましたが、そんな見ず知らずの人間を手放しで受け入れてくれました。長老の方たちもみな優しくて、誰かの役に立ちたくてそわそわしている雰囲気がありました。

　衝撃的でしたね。裏も表も野心も競争もなく、ただ誰かのために生きようとしている人たちがいる。こんな世界があることに僕は驚き、仲間に入りたいと思いました。

「損をするほうを選びなさい。そして、一番弱い人たちのために働くんです」

　おばさんが僕にくれた言葉です。背中を押されました。これを道標《みちしるべ》にすれば間違いないと思いました。僕はもっとも面倒臭くてお金にならないと言われていた小児科を目指して、がむしゃらに勉強しました。

## 三度の挑戦、一〇年の苦闘

ＭＳＦと出会ったのは空港です。国家試験に不合格だった僕を心配して、家族が実家行きの航空券を島根に送ってきました。それまで僕は夜行バスか青春18きっぷでしか長距離移動したことがなかったので、これは大変だぞと出雲空港へ急ぎました。

搭乗ロビーで座っているとＭＳＦの広告映像が流れました。ＭＳＦ日本事務局が数ヵ月後にオープンするとありました。「損をするほうを選びなさい」。おばさんの声がよみがえって、僕が目指すのはここだと直感しました。

その後国家試験に合格し、大学病院の面接を受けたときには「ここで経験を積んで、いずれは国境なき医師団に行くつもりです」と僕は宣言していました。「そういうことは一人前になってから言え」と担当教授にひどく叱られました。入局後も懲りずに僕は白衣の下にＭＳＦのＴシャツを着て仕事をしていました。まだ高田馬場にあった頃の日本事務局に何度も顔を出して買ったＴシャツです。ＭＳＦのロゴが白衣から透けて、どこから見ても僕はＭＳＦ志望者でしたね。

そんな人間はいなかったせいか、冷ややかな視線も浴びましたが、それでも諦めずに言い続けていると理解してくれたり応援してくれたりする人が出てきます。のちにＭＳＦの海外派遣から戻った期間の職場を用意してくれたのも、僕を叱りつけた教授の後任の教授でした。

ＭＳＦは実務経験を要件としていたので、医師として五年の経験を積んで小児科の認定医となってから一回目の応募をしました。今では会長をやっている僕ですが、実は試験に二回落ちているんですよ。初回は面接まで通りましたが、語学を磨くように言われました。

そこで診療を英語で行う横須賀海軍病院で働こうとしたのですが叶わず、いっそ留学しようと思い立ちました。シドニーにある有名な小児病院への留学が決まりました。なんと紹介してくれたのは「一人前になってから言え」と僕を叱った教授です。この転機がなければ僕はＭＳＦを挫折していた気がします。ありがたいことでした。

シドニーで働いた一年半の間、最初の半年は夜に語学学校に通い、あとの一年はどうにか自前の英語で仕事ができるようになりました。

さあこれで受かるはずだと意気込んで二回目の面接に行きました。すると今度は熱帯医学を勉強したほうがいいと言われてしまいました。先進国で経験を積んでもアフリカのマラリアなどの治療に活かしにくいからと。ＭＳＦは本当に実務経験を重視するんだなと思いましたね。
すぐに翌年、タイのマヒドン大学熱帯医学校に留学しました。こんなに勉強したことがないというくらい猛勉強しましたよ。半年後に帰国して、三回目の挑戦でようやく合格することができました。

## 救えなかった命の重み

初めてのミッションは、まだ一つの国だったスーダンの北部ハルツームでした。MSFに入ると決意してから一〇年が経っていました。嬉しかったですね。晴れてMSFの一員としてTシャツを着れるぞ、と。でも「too motivated」と周囲から何度も言われました。モチベーションが強すぎる、と。僕は張り切りすぎていたんです。期待が大きいあまり自信過剰にもなっていたかもしれません。

ハルツームでは孤児院のプロジェクトに取り組みました。イスラム教圏では避妊も中絶も禁止されています。統計を見ると、その地域では望まれない妊娠で捨てられる赤ちゃんが年間で一五〇〇人いました。そのうち五〇〇人は見つかったときにすでに亡くなっている。それから五〇〇人は孤児院に運び込まれる前に息を引き取る。あとの五〇〇人だけが生きて孤児院までたどり着けるのですが、その子たちも一年以内に命を落としてしまうという状況でした。孤児院として機能しておらず、おそらく捨て子を死ぬまで集めて置いておくような場所だったのではないかと想像します。そこにＭＳＦの援助活動が入ったんです。

赤ちゃんは警察の車で運び込まれ、多いときには一日四、五人を数えました。机の上に放り出されて、いいかげんな名前をつけられて、孤児院側に受け渡されます。投げ捨てられて怪我を負った子や頭から血を流している子もいました。捨てた人からすれば出産が発覚することが危険ですから、赤ちゃんの命に気を配っていられないのでしょう。また国内スタッフを雇っても、彼女たちは赤ん坊を「イリーガル・ベイビー」と呼んでまともに触れようとしませんでした。

このプロジェクトに最初に派遣された医師はあまりに凄絶な現場に三ヵ月で逃げ出したと聞きました。次から次へと赤ちゃんが亡くなります。だから僕も気持ちは痛いほどわかります。

でも僕は口うるさかった。点滴を衛生的に入れるように、ミルクをきちんと飲ませるように、国内スタッフに厳しく言いました。僕より経験のあるスタッフたちから「そんなに慌てるな」と言われても、僕は内心いきり立ってしまって周囲から浮いてしまいました。「too motivated」だったんです。

ずいぶんと時間がかかりましたが、これではいけないと思い直しました。スタッフたちと積極的にコミュニケーションをとり、アドバイスを聞き入れるよう心がけました。すると僕の姿勢を理解し助けてくれる人が出てきて、前よりも赤ちゃんが助かるケースが増えてきました。一命をとりとめて笑顔を見せる赤ちゃんがあちらこちらにいる。すると国内スタッフも自然と赤ちゃんを抱き上げて世話を焼くようになりました。好循環が生まれたんです。

僕がいた半年間、二五〇人の赤ん坊が運び込まれ、一五〇人が生き残りました。救えた命があるじゃないか、なるべく明るい気持ちで帰国しよう。そんなふうに自分に言い聞かせたのですが、一〇〇人を看取ったと思うと僕は今でも頭が狂いそうになります。

## 人道援助という義務

これまで九つのミッションでフィールドに出ました。スーダンの孤児院、シエラレオネのエボラ出血熱対策、パキスタン北部地震の緊急援助、東日本大震災と熊本地震の緊急援助、ロヒンギャの難民援助などです。

僕はいつも「too motivated」で、「助けることができた」という達成感を持ち帰るよりも「助けられなかった」という絶望感に打ちひしがれて帰ってきます。周囲は「顔を上げてください。成果を大事にしてください」と言うしかなくて、苦労をかけてしまっていますね。「リーダーはもっと堂々としているものですよ」とも言われますが、手が届かなかった人たちのことを考え続けてしまうんです。自分はもっとできたはずだと悔しくなる。それが僕のモチベーションを支えているのかもしれません。

『人道援助、そのジレンマ：「国境なき医師団」の経験から』という本があります。著者のロニー・ブローマンは初期ＭＳＦの発展に貢献したフランス人で、今も元気に活動されています。この本を読んで、人道援助は道徳的義務であるという考え方がヨーロッパの人たちに浸透しているのだと感じました。これを宗教も文化も歴史も異なる日本でどのように共有していけるだろうか。生活の中に根ざしていけるだろうか。それが僕の課題です。

その一環としても、ＭＳＦの海外派遣経験者らによる会員組織である「アソシエーション」をもっと活かしたいと考えています。有志が手弁当で集まる組織で、ＭＳＦの原理原則をどう具体的にフィールドに反映できるかを考える場です。フィールドもアソシエーションもＭＳＦの前線です。ＭＳＦという組織が大きくなってきたからこそ、隅々から発揮できる力もまたあるのだと信じています。

## 活動責任者　村田慎二郎さん

「自分たちが誰で、なぜここにいて、何をしようとしているか。それが理解されなければ紛争地では人道援助活動を続けることができません」

淡々とした言葉から熱気が溢れ出す。意欲と責任感の高さが伝わってくる。

村田さんは日本人で初めて活動責任者になった人だ。いち早い昇格にＭＳＦの人事方針――年齢も国籍も関係なく、その人の能力に適したポジションを与える――がうかがえる。

彼は証言活動や、社会に働きかけるアドボカシーの重要さを語った。紛争地で難しい交渉を続ける。為政者や警察や軍隊と渡り合う。苦境にある人々の状況を改善すべく、果敢に政策提言をする。「政治家の夢は忘れました」と村田さんは言うけれど、彼が目指した政治家像がますます磨かれようとしている。

## プロフィール

外資系ＩＴ会社の営業職を経て、二〇〇五年にＭＳＦにアドミニストレーター兼ロジスティシャンとして参加。以降、プログラム責任者、活動責任者と、ＭＳＦでのキャリアを重ねる。のべ一〇年以上を派遣地で過ごし、特にシリア、南スーダン、イエメンなどの紛争地の活動が長い。

## ＭＳＦ活動歴

二〇〇五年七月～二〇〇六年五月　スーダン
二〇〇六年～二〇〇八年五月　パキスタン、スーダン、ジンバブエ
二〇〇八～二〇一一年　スーダン南部、ナイジェリア、イラク
二〇一二年五月～二〇一五年二月　シリア
二〇一五年七月～二〇一六年七月　南スーダン
二〇一七年一～六月　イエメン
二〇一七年一〇月～二〇一九年三月　フィリピン

# どうせなら厳しい環境に

サラリーマン経験を積んでから政治家になろう。大学生の頃はそう思っていました。世の中で一番大事なのは政治だ、自分が一票を投じたくなるような新しい政治家になろう、と。大学卒業後に東京で営業職のサラリーマンを三年やって、このあたりで一度海外へ出て経験を積もうと考えました。世界の現実をこの目で見たい。どうせ行くなら厳しい環境に身を置きたい。ボランティアではなく、プロとしての責任と能力を求められる組織で自分の力を使いたいと思ったんです。MSFを知ったのはこのときです。

MSFはノーベル平和賞を受賞している。おまけに資金の九割以上が一般個人からの寄付である。一般個人の寄付が財源ということは、きちんと結果を出さなければいけない責任がある。これで心が決まりました。

応募から赴任まで一年半かかりました。いつでも赴任できるように会社を辞めてフリーターになったんですけど、待っている間はつらかったですね。それまでは会社で数十億という案件を追っていたのに、MSFに入ったらなかなか仕事が来ないんですから。

英語がネックだったんです。英語ができない自分にストレスを感じていました。いくら日本で仕事ができたとしても、二四時間、三六〇度、英語に囲まれた環境に行くと自分のパフォーマンスを全然出せない。目の前に冷たくて重たい扉が立ちふさがっている感じでした。

コーチングスクールの短期集中コースに二ヵ月通って英語のコンプレックスを克服しました。うれしかったですね。「MSFに入りたいんですけど、英語ができないんです」とよく言われますが、やればできます。高校三年生のときのセンター試験の英語で二〇〇点満点中九〇点だった僕ができたんです。意欲があれば必ずできるようになります。

## 仲間への誇り

東京で一年も待っていると生活費が尽きてきて、三重の実家に戻りました。それから半年後にようやく電話がかかってきました。「スーダンのダルフールへ行ってください」と。ダルフールといえば当時国連が「世界最悪の人道危機」と称するほど紛争が激化している地域です。両親はかなり心配しました。僕は初回から大変なところに行くことになったなと思いつつ、それだけ意義のある任務なのだと高揚感を覚えました。

その頃の僕はもう政治家の夢はなく、別の将来を思い描いていました。二〇代でMSFの派遣に数回行って、三〇代になったらMBAを取って経営コンサルティングをやろうと。まだビジネスマンの発想が残っていたんですよね。でもそんな将来設計はダルフールで吹き飛びました。あまりにも衝撃的だったので。

僕が衝撃を受けたのは仲間たちの姿です。医師も看護師も若い人も年配の人も、みんな自分の国にいたらもっと快適な生活がおくれるはずなのに、治安も住環境も給料も条件の悪いところにわざわざ来て。気温四〇度や五〇度が当たり前で、美味しいものなんてなくて、そんなところに半年とか一年とか住んで。

朝早く、チームは宿舎からオフィスまでばらばらと歩いて向かいます。重たいリュックを背負って一歩一歩、前を歩く仲間たちの背中を見ながら思ったんです。よくやるな、と。肌の色、目の色、髪の色、ばらばらの人たちがＭＳＦの名のもとに集まって、緊急人道援助が必要な人たちのために働いている。自分がその一員であることを忘れるくらい見惚れてしまって、ＭＳＦはすごい組織だなとつくづく感心しました。

仲間を誇りに思いました。会社では得たことがない感覚です。ビジネスは競争やノルマの世界だったんですね。ＭＳＦの仕事をずっと続けようと思った瞬間でした。

### 信頼が一番のセキュリティマネジメント

一回目の赴任地ではサプライロジスティシャンとして働きました。医薬品、医療機器、石鹸やプラスチックシートなどの在庫管理をします。常に在庫量を把握しながら注文をかけ、税関を通して倉庫に保管しておきます。医薬品はトン単位で動かします。

医師がいても薬がなければ治療できません。サプライロジスティシャンは裏方ですが、ここで不手際があると全体に悪影響が出てしまいます。とても責任のある仕事です。それにサプライには余分なポジションと人員がないので一人ひとりが不可欠です。だから充実感がありましたね。

二回目から四回目のパキスタンのカシミールや、スーダン、ジンバブエではロジスティシャン兼アドミニストレーターとして働きました。人とお金を動かすアドミンは前線により近いという意味で希望していたポジションでした。

ロジスティシャンの仕事の一つにセキュリティマネジメントがあります。チームが安全に活動できるように設備や環境を整えなくてはいけません。そのために現地の人とミーティングを行うのですが、紛争地では難しい交渉もあります。僕は上司であるプログラム責任者に同行して必死でメモを取りました。営業職で取引先に行って先輩の仕事ぶりから学んだのと似ていましたね。

五回目以降もスーダン南部、ナイジェリア、イラク、どこも紛争地だったので大変でした。このとき僕はプログラム責任者に昇格して、いわばＭＳＦの「前線の顔」として紛争当事者と交渉しなくてはいけませんでした。自分たちが誰で、なぜここにいて、何をしようとしているか、正確に知ってもらわなければいけない。我々はどの国ともどんな勢力とも利害関係がなく、医療人道援助活動を行うためにいる。それが理解されなければ危険度が増し人道援助活動が続けられなくなり、結果的に援助を必要としている人たちが困ることになります。

ＭＳＦは武器を持って身を守ることをしません。理解を得ることが一番のセキュリティマネジメントだと考える団体です。「前線の顔」が信頼を得なければ現場が壊れてしまいます。強くやりがいを感じて、ただただ目の前のことに夢中な日々でした。

**政治的な駆け引き**

その後、活動責任者となってからも紛争地への赴任が続きました。シリア、南スーダン、イエメン、どこも苦労しました。ときにＭＳＦはスパイのように扱われ、医療活動が交渉材料として政治利用されそうになります。

イエメンの状況は「忘れられた戦争」と呼ばれ、国連が示す人道危機度も最高のレベル3という地域でした。紛争が続いて空爆が止まず、医療施設の半分が破壊され、一般市民は長く苦しめられています。

その上、世界最大規模のコレラのアウトブレイクが起きました。コレラは時間との戦いです。迅速に適切な処置をほどこせば九割以上の人が助かる。そうでなければ致死率が五割まで跳ね上がる。恐ろしい病気です。

僕たちは治療施設を作って患者さんを迎えるだけでなく、同時にコレラの感染源を突き止めに走ります。おもに水です。感染源の水を消毒しに行くためのアクセスを確保しなくてはいけないのですが、そこで立ちはだかったのが政府当局でした。

紛争状態にある地域では、ＭＳＦのような国際組織には懐疑的な目が向けられます。特定の国や勢力に情報を渡すのではないかと疑われて、政府当局からアクセスを制限されてしまうんです。

僕は実力者であるイエメンの元大統領に会って働きかけました。スタッフの氏名も移動車のナンバーも移動時刻もすべて報告する、それでも疑うなら我々の活動について来てもいいとまで申し入れて、ようやく許可が下りました。やがて態勢が整い、空爆された病院を再開することができました。半年の任務期間を終え、ほっとしながら僕は飛行機に乗りました。

ところが出国の三日後です。イエメン当局はチームの外国人派遣スタッフのビザを停止しました。一応僕の顔を立てたつもりなのでしょう。治安当局者が最後に会ったときに「いつ帰国するんだ?」と聞いてきたのを思い出しました。

世界には公共心のない政治家や警察や軍隊が支配する国もあります。医療は自分の部族にさえ届けばいい、国民全員に行き渡らなくてもいいと考える人もいます。彼らにとって、人を選ばず医療を届けたいＭＳＦの理念は格好の交渉材料なんですね。「君たちはビザが必要なんだろう？　だったらこちらの言い分も呑んでもらわないとね」というわけです。一筋縄ではいきません。

ひどく難しい任務です。でもここに僕たちの働きかけで政策を変えていく余地があるとも言えます。僕たちは、今どんな危機的状況かという分析を示し、解決策をどのように講じるかを立案し、粘り強く説明し、妥協せず交渉しています。

これはＭＳＦの証言活動やアドボカシー活動にあたります。医療活動を行うと、弱い立場にある人々に医療が届かない原因や、人権が侵害されている状況が浮き上がってくる。その現状を証言して多くの人に伝えること、そして現状を改善するために政策決定に携わる人たちへ訴えかけることが必要になってきます。

コレラのプロジェクトは途中で妨害に遭いましたが、僕の後任がきちんと立て直してくれました。プロジェクト責任者は最前線にいながら効果的なアドボカシー活動を計画し、ネットワークを構築する重要なポジションです。駆け引きをしたがる政治家が相手となれば、確実な戦略性も必要になります。

## 医療が攻撃されるということ

二〇一一年頃から医療に対する攻撃が増しています。年間約二〇ヵ国で三〇〇件を超える医療への攻撃が確認され、そのうち約半分が空爆です。頭上にやって来た飛行機を見上げたところでどこの軍かはわかりません。でも、たしかに空軍を有するどこかの国がやっているわけです。空爆の頻度からして、明らかに軍事的戦略として医療施設を攻撃していると考えざるをえません。

死亡者数や被害者数だけではとらえられません。医療施設の破壊は、地域にいる人たちの医療へのアクセスを絶つということです。つまり何千、何万、何十万という人がその土地で生きられなくなる。ただでさえ医薬品が不足し給料がまともに支払われていないような、破綻と紙一重の医療施設がさらに壊されてしまう。状況は近年ますます悪化し、僕の体感としても危険は増しています。

二〇一六年にMSFインターナショナルの会長ジョアンヌ・リューが国連安全保障理事会の会合で「医療は命がけの仕事であってはならない。患者は病床で攻撃されてはならない」と演説しました。そして国連安保理は、病院や医療関係者への武力攻撃を強く非難し、医療人道援助活動の安全を確保するよう全ての紛争当事者に強く要求する決議案を全会一致で採択しました。しかしその後も引き続き病院はターゲットにされています。

国際人道法はもともと観念法だとはいえ、さらに有名無実化していると言わざるをえません。国籍や宗教や人種を超えて医療援助を行うＭＳＦの使命がますます重要なものになっています。

## 証言活動、アドボカシー活動の可能性

チームにはヨーロッパ出身の人が多くいます。ヨーロッパ社会では人道主義が根づいていて、彼らにとってＭＳＦは職業選択の一つに入っています。

ＭＳＦにもっと日本人が増えるといいですね。日本人の控え目さや礼儀正しさがとりわけ中東では好意的に受け止められていると感じています。どちらも相手の気持ちを立てる文化で、そのおかげで僕は交渉相手と関係を築けたところがあります。「私たちの文化を尊重してくれてありがとう」と何度も言われました。反面、配慮しすぎて押しが弱くなるのが短所ですが、こういった日本人の特性をうまく育てていくとよさそうです。

複雑化する国際情勢の中で人道援助団体はどうしたらいいか。医療への攻撃を削減していくために何ができるか。それが僕自身のテーマで、紛争地の経験から、ＭＳＦの証言活動、アドボカシー活動の可能性を最大化すべきだと思いました。

今後派遣をお休みして、ハーバード大学大学院のＭＰＡ（マスター・オブ・パブリック・ア

ドミニストレーション）のコースに一年間留学してきます。昔夢見たＭＢＡではないですよ。
ＭＰＡは外交官、政治家、ジャーナリスト、軍隊出身者などの職務経験のある人たちが集まるコースで、学生の平均年齢が約四〇歳。それこそ僕が活動責任者として渡り合わなければいけない人たちが集まっています。多角的な見方を身につけ、分析能力と政策立案能力、リーダーシップの能力をさらに鍛えたいと思っています。

---

**ファンドレイジング部ディレクター　吉田幸治さん**
**ファンドレイジング部シニア・オフィサー　荻野一信さん**

---

私もＭＳＦに貢献したい！　でも入団するのはハードルが高そう……。そうだ、寄付という道がある。

ＭＳＦの活動資金を集めるのがファンドレイジング部で、吉田さんはディレクター、荻野さんはシニア・オフィサーを務めている。スーツ姿の二人はノートパソコンを抱えて颯爽と現れて、ＭＳＦには珍しくビジネスマン然としていた。でも何だろう、にこやかに落ち着いている。相手の話を受け止める間合いがある。

遺贈という寄付のかたちを語る荻野さんはときおり声を詰まらせた。吉田さんは自分たちがやっていることを知りたくて現場入りを決めた。

寄付には人間の想いが詰まっていた。寄付を通して変化する人間の姿があった。

---

**吉田幸治**
**プロフィール**

大学卒業後、教育サービス企業を経てＳＡＰジャパンに入社。管理部門にて購買部の立ち上げ後、社長室にてＣＳ、バランススコアカード導入に関わる。社長直轄の新規事業としてＣＲＭソリューション部門を立ち上げマーケティングやアライアンスを担当。キャップジェミニ・アーンストヤングコンサルティング（二〇〇九年ＮＴＴデータに買収され、現在は株式会社クニエ）のシニアマネージャーとしてＢＰＲやＩＴ導入コンサルティングを実施。デル株式会社アジアパシフィックのＣＲＭシニアマネージャーを経て、二〇一一年より現職。

## 幸せを感じたい

ＭＳＦに入る前は外資系企業やＩＴ企業、経営コンサルティング会社で営業やマーケティングの仕事をしていました。いつからか「俺は誰のために働いているんだろう」と疑問を感じるようになっていたんですよね。このまま金銭欲や物欲にまみれたらまずいな、今日の自分が健康であることや風や陽光を快く感じることに幸せを感じたいな、と。

いくつかの出来事がきっかけにあります。沖縄に旅行に行ったときに沖縄戦のことを学びました。ある記事を読んでおばあさんにお化粧して元気になってもらうというＮＰＯ団体の活動を知りました。自分はこれまでお金持ちのために働いていたんだ、そうじゃない人のために働きたい、と気づかされました。

ＭＳＦを知ったのは三五歳のとき、人材エージェントから紹介されました。リストにはＩＴ企業の名前が並んでいたのですが、その中に「ＭＳＦのファンドレイジング・ディレクター」とあって。

恥ずかしながらファンドレイジングという言葉をそれまで知らなかったんですけど、営業やマーケティングの経験が活かせるとわかりました。ひと昔前は民間非営利組織というといわゆる「片道切符」のイメージがありましたが、気にせず飛び込んでよかったです。

自分のスキルを存分に発揮できて充実感があります。

## お金には色がある

ＭＳＦは七〇ヵ国・地域で四万七〇〇〇人が所属していて、活動資金として年間約二〇〇〇億円が必要です。世界三八ヵ所にある事務局がお金を集めたりリクルートしたりしています。ファンドレイジングはお金を集める部門です。

日本では二〇一七年度に八一億円、二〇一八年度は八九億円集まりました。支援者数も資金も伸びていて、とてもありがたいです。

ただ同時に、喜んでいられない現実も突きつけられます。ＭＳＦが資金を必要とするということは、緊急医療援助が必要な状況があるということです。ＭＳＦは問題解決のための組織であり、組織を大きくするとかポジションをたくさんつくることが目的ではありません。我々があらゆる活動地から撤退することが目標なんです。

国や国際機関からの受給は最大で五％と上限を定めていて、九五％は民間、それも多くは個人からのご寄付です。二〇一八年度の日本での寄付額八九億円のうち一億五〇〇〇万円は外務省からで、「パレスチナ・ガザ地区での外傷・熱傷治療」と「バングラデシュに逃れた避難民」の緊急医療活動のためでした。ＭＳＦは完全な中立性・独立性を確保するため、民間からの資金のみで運営するプロジェクトも多数あります。

世界的に見れば、MSFはシリア難民に分断をきたす「EU－トルコ協定」に賛同できないため、EUおよびEU加盟国からの資金受給を停止しました。例年であれば約六〇億円の支援をいただいていて、額面だけを見ると喉から手が出るほどですが、これを受け入れると間違ったメッセージを発してしまうので断っています。

同じ理由から、武器に関する会社、酒、煙草、製薬をなりわいとする会社からはいただきません。そして寄付をいただいた会社だとしても、支援物資に企業ロゴやマークなどを貼りません。国旗もありません。ただ必要な物資の段ボール箱そのままです。

## 人道援助を知る

個人からのご寄付の内訳ですが、特別にお金持ちという方はごく一部で、普通の方々によって支えられています。

高齢者の方が多く、ご寄付に添えられた手紙に「私は日本に生まれて不自由なく暮らしました。命を助ける活動にお使いください」「こんな貧者の爪の先ほどのお金ですが」と書かれてあったのが忘れられません。頭が下がりますね。

特定少数でなく不特定多数の方々からお金をいただくことは政治的な中立を保つという

意味でも重要ですが、世界にある課題をより多くの人たちに知っていただくという意味もあります。特定少数の方はすでに何が問題かをご存知のことが多いので。

近年は「フェイス・トゥ・フェイス」といって街頭募金を行っていて、よく足を止めていただいています。「国境なき医師団」という名前がよく知られているんですね。でもそれが個人の寄付によって成り立っているということはまだ多くの人に知られていません。ユニセフや赤十字に比べると認知度が低いです。

ネットで寄付募集もしていますが、バナーだらけで競争が激しいです。この仕事を始めたときの僕にはまだ民間企業のマインドが残っていて、他の団体からシェアを取るという発想がありました。でもその発想は人道援助団体になじみません。競争よりも、人道援助活動そのものの認知度と信頼度を上げなくてはいけない。そう発想を切り替えて、他団体とも情報交換をしながら取り組んでいます。

ダボス会議でも共有される世界的な信頼度調査「エデルマン・トラストバロメーター」によると、残念ながら日本ではＮＰＯやＮＧＯがなかなか浸透していません。欧米では企業や政府よりも信頼度が高いのですが、日本では非営利組織・非政府組織というとまだ怪しいイメージをもたれてしまうようです。今後克服していきたい課題です。

多くの人にＭＳＦを知ってほしいという思いとともに、僕自身ももっと知りたいという意欲が高まってきました。ＭＳＦで働き始めて九年、海外のフィールドに参加してきます。やっぱり一度行かないと話になりませんね。ご寄付でいただいたお金がどのような現場で使われているのか、そこにある人々の苦境はどんなものか、自分の目で確かめたくなりました。わくわくしています。

---

**萩野一信**

**プロフィール**

大学院にて途上国開発援助を研究。卒業後一七年間民間企業に従事し、二〇一四年に国境なき医師団日本事務局に入局。現在、遺贈寄付における事業開発を担当。

---

## 色のない評価をもらう

もともと外資系のＩＴ企業で営業をやっていました。ＭＳＦは「日経キャリアＮＥＴ」に出ていた募集を見たのがきっかけです。大学院でＯＤＡ（政府開発援助）について勉強していたので、学究的な興味もあってＭＳＦに移りました。

私が担当しているのは遺贈、相続財産からの寄付、それとメジャードナーといって年間一〇〇万円以上の寄付者です。

一般企業の営業の世界では「8：2の法則」といって、二割のお客さんから八割の収入を得るという考え方があります。MSFは全然違って、たしかにメジャードナーはいらっしゃいますが、それは額にするとMSF全体の〇・一％、MSF日本の六％なんです。いかにMSFがグラスルーツ的に支えられているかがよくわかる数字ですよね。

ご寄付をいただく際にご自宅にうかがうことがあるのですが、家の中にたくさんの本が並んでいることが多いです。みなさん社会の出来事に関心を寄せていらっしゃいます。お話を聞くと、思想信条としては保守系の方もリベラル系の方もいらっしゃるんですけど、どの方も国際的な視野からMSFを評価してくださっているんですよね。我々は色のついたお金をいただかないことを信条としていて、それをきちんとやっていれば評価にも色がつかないのだと感激しました。

## 遺贈という信頼

今増えているのがレガシーです。遺贈ですね。

自分が亡くなった後に資産をどうするか。遺産相続や相続税で争いが起きるのは避けたいし、できれば自分の意思を持って安心できる使い道を決めておきたい。そこでMSFへの遺贈を考えてくださるようです。一日三、四件のお問い合わせをいただいています。

相続人がいなくて困っているとか、お子さんと関係がうまくいっていないとか、あるいは「国にお金を持っていかれるくらいなら」とおっしゃる方もいます。遺贈は亡くなってからのことなので、よほど信用した相手でないと成り立ちません。ですからみなさん、まず会いたい、MSFのスタッフに実際に会って話を聞きたいとおっしゃいます。これまで北海道、福岡、神戸など、全国各地に行ってきました。

お会いすると二、三時間はお話をします。みなさん生まれたときからのお話をされます。例外なくそうなんです。どこに生まれてどのように生きてきたのか。ご自身の一生記をお話しされて、その人生で培われた想いとお金を我々にバトンタッチしたいということだと思うんです。

私にお話しされる中で、ご自身のMSFへの想いが間違いではなかったと納得していただけるなら、こんなにうれしいことはありません。人生をお伝えいただくのに二、三時間は決して長くないんですよね。

初めて遺贈を受け取ったときですが、仮に一〇〇〇万円としますね。銀行から振り込まれて、お礼の電話をしましたらご遺族の方がおっしゃるんです。「父の遺志で五〇〇万円を寄付しました」と。でもいただいたのは一〇〇〇万円です。おかしいなと思っていたら「実は一昨年、母が他界しておりまして。母はいつも父の考えに賛同していました。ですから母の遺志として父と同じ五〇〇万円を寄付しました」とおっしゃったんです。

私はその夜、もやもやして眠れませんでした。かつて私がいた企業の世界ではいかに営利を上げるかにみなが腐心していましたから。自分はいったいどんな世界に足を踏み入れてしまったのか、本当にこんな世界があるのだろうか、と現実をうまく飲み込めなかったんです。ここにあるのは私が知っていたお金ではないんだなと思いました。

**寄付に潜む契機**

変なことを言うようですが、正直なところ、銀行から亡くなった方の情報が届いて振込が行われて、うれしいと思ったことが一度もないんです。大切なご寄付です。貴重な活動資金です。もし私が企業の営業だったら「ノルマ達成だ。これでインセンティブが入るぞ」と喜んだのかもしれません。でもそうじゃないんです。

ありがたい、という気持ちだけが胸にこみ上げてきます。ひとえにありがたいです。「ご遺志を確かに受け取りました。ありがとうございます」と心の中でつぶやいて、ファンドレイジングという仕事の責任を嚙みしめています。

自分がこんな感受性を持った人間だったのかと驚かされます。やはり寄付というものを預かっているからでしょうね。ご寄付くださる方には実現したい世界があって、でも自分の手では実現できないかわりに我々に託してくださり、そうして社会とつながっているんだと思うんです。

「いただいたお金で命が助かりました」というご報告をたくさんしたいです。そしていつか「もうご寄付をいただかなくてよい世界になりました」と言えたらいいですよね。

我々がいただくお金は熱いです。

# 第五章　現地ルポⅡ

## ウガンダ

カリブ海のハイチ、東南アジアの諸島部フィリピン、ヨーロッパのギリシャに続き、今回は東アフリカのウガンダです。

黄熱病のワクチンを打つことが入国条件でした。野口英世が研究したあの感染症です。東京検疫所に予約を入れて、厳重な入館管理のもとで注射を打ちました。

二〇一七年四月二一日、羽田空港からカタールのドーハを経由して、ウガンダのエンテベ空港へ。二〇時間弱の移動です。

### 南スーダンからの難民

ウガンダの困難は難民問題です。

北に隣接する南スーダン共和国からおびただしい数の難民が押し寄せています。詳しくは次節に書きますが、南スーダンでは二〇一三年から政府軍と反政府軍の紛争が再燃し、今も衝突は続いています。日本の自衛隊がついに武器を持って入った国として記憶している人も多いでしょう。

ウガンダへの急激な難民流入は二〇一六年七月八日に始まりました。最初の七月だけで五万人以上、八月に五万人、九月に八万五〇〇〇人が移動してきたといいます。私が取材した時点で、一日平均で二〇〇〇人でした。とんでもない民族移動です。

この緊急事態に対して、国際機関とＮＧＯ団体はすぐさま分担を決め、ＭＳＦは水の供給を、国際機関や他のＮＧＯは食料や住宅を供給しました。伝染病が始まるおそれも見られたため、ＭＳＦはコレラ対策も緊急始動しました。すべて七月中のことです。

「昔からウガンダにはコンゴ民主共和国やルワンダから難民は来ていたが、南スーダンのケースはあまりに数が多い。だからすぐに計画を立てて出動したんだよ。でもまったく先が読めない。軍同士の戦いに加えて部族のいさかいも持ち込まれて、混乱した状況が続いている」

フランス人の活動責任者、ジャン＝リュック・アングラードは言いました。

二〇一七年末現在、南スーダンからの難民の総数は二四〇万人を超え、ウガンダの難民受け入れ数は一四〇万人を超えました（数字で見る難民情勢〈二〇一七年〉UNHCR Japan より）。

ＭＳＦは難民たちの移動経路を把握し、その人数に応じて数ヵ所に活動拠点を設けました。

私が取材協力をしてもらったＯＣＰ（オペレーションセンター・パリ）の他、今ではＯＣＡ（アムステルダム）、ＯＣＧ（ジュネーブ）もウガンダに活動地を持ち、それぞれが国連やセーブ・ザ・チルドレンなどの他団体と役割分担しています。世界中の人道援助団体がウガンダ北部の救援活動に乗り出しているのです。

ＭＳＦは水の供給、コレラ対策、基礎医療、妊産婦ケア、小児医療、外来診療、入院治療、救急医療、アウトリーチの提供などを行っています。

## 首都カンパラへ

エンテベ空港に着くと、ＭＳＦのドライバーチームが迎えに来てくれていました。そこから首都カンパラまで三八キロの道のりを走ります。

強い陽射しが照りつけます。赤土に覆われたアスファルトの両側はどこまでも緑で、道端でパイナップルや青いバナナ、野菜が売られています。作物は豊かそうですが、保健・教育・所得の平均達成度を測る「人間開発指数」（二〇一七年時点）においてウガンダは一八九国中、一六二位です（人間開発指数・指標：二〇一八年新統計 http://hdr.undp.org/en/2018-update)。

高速道路を走ると、幼稚園、ハイスクール、大学などがたくさん目に入り、教育に力を入れているのがわかりました。

ウガンダといえば、一九七〇年代のアミン大統領による独裁や虐殺、一九八〇年代からの反政府武装組織「神の抵抗軍（LRA）」との衝突、その後別の組織による首都での自爆テロと、危険なイメージがありました。目的地を聞いたときはそうした紛争によるダメージへの緊急支援だと思ったのですが、今は南スーダンからの難民問題に揺れています。

一時間半ほどすると、がたがた道のどんつきにMSFマークの塗られた鉄扉がありました。

急勾配を登ると、左右にコロニアル風の建物。左側の大きいポーチのある建物が宿舎で、右側の建物がオフィスです。オフィスの三階に上がると、ジャン＝リュックがいました。くしゃくしゃの髪の毛に度の強い眼鏡をかけ、人なつこく笑いかけてくれます。

彼は学生の頃から水・衛生に関する勉強を重ね、母国の公衆衛生局で技師として勤務していました。初めての国外旅行でアフリカを訪れたとき、ブルキナファソでNGOの活動を目にして「これこそやりたいことだ！」と確信したのだそうです。

そうした実務経験があったため、MSFに入るためのトレーニング期間は短く済みました。まるでＮＧＯの特待生のような人です。「ＷＡＴＳＡＮ（水と衛生）」など環境整備を専門とするロジスティシャンとして活動を始め、チャドに緊急援助活動で三年、東京にＭＳＦ日本のオペレーション・マネージャーとして四年半、その他活動責任者としてアンゴラ、エチオピア、ケニア、モザンビークへ行きました。経験豊富なリーダーです。

この後、ジャン＝リュックとウガンダ北部をまわるうちに、アフリカのキャンプでどれほど水が大切かを私は思い知ることになります。

## 北部、南スーダン国境に向かって

四月二二日、朝六時。雷雨の中、ＭＳＦのバンで首都カンパラからひたすら北を目指します。目的地はビディビディという大規模なキャンプですが、その南西にあるインベピという新しいキャンプにも寄ります。ビディビディでも収まりきらない難民がインベピへ移り住んでいました。

一〇時半、高速道路の両側に緑の平原が広がっています。時折トウモロコシ畑やマンゴーの木があり、その近くに必ず小さなコンクリ製の家がありました。薪を割る人、じっと腰をおろしてどこかを見ている人、走る子どもなども見えます。

「この道沿いに暮らす彼らの多くも、数年前に難民として外国からやって来たんだ。近くに難民セトルメントもあるよ」とウガンダ人のドライバー、ボサ・スワイブが言いました。

ウガンダは難民に寛容な政策をとっていて、国に入ってくる人々に土地を与え、耕作することを許可していました。広い土地を有しているから可能な政策かもしれませんが、実際に難民たちは小さな家を建て、まず自分たちの食べる分を作ることになります。

しかし、いくら土地が広くても、元の人口以上に難民が増えれば摩擦は起きてしまうでしょう。一日二〇〇〇人の流入はもうすぐ臨界点を迎える可能性があると国際援助団体は見ています。その前に打てる最善手は、流入元である南スーダンの紛争を停止することですが、政治的解決はMSFには関与できない領域です。

出発から八時間後の一四時、アルアという町に着き、暗い食堂へ入りました。

食堂の横には大きな病院があります。もともとMSFが建て、今は地元に引き継いだ施設です。研究所だけはいまだにMSFが運営し、HIVや風土病の調査を行っています。

またバンに乗り込むと、舗装道路が途切れ、赤土のがたがた道に入ります。一時間ほどしたところで、道路の右側にOCAの活動地があると聞いたのですが、高く伸びた藪と草むらに阻まれて確認することができませんでした。

こうして車に揺られて一〇時間。UNHCR（国連難民高等弁務官事務所）の銀色の四角いテントが木立の中に見えてきたのは、午後四時を回った頃でした。インベピ・キャンプです。

## インベピ・キャンプ

インベピ・キャンプには砂煙が舞っていました。このキャンプはまだ新しく、今まさに建造されつつある難民居住区です。UNHCRと印刷された遮光防水シートでできたテントがあちこちに立っています。周囲を金網で仕切られ、上に鉄条網が張り巡らされた一画もあります。

国連(UN)を中心として、複数の人道援助団体が支援を進めていました。タンク車のまわりをイギリスの貧困克服援助団体OXFAMのビブスを着た人が行き交っています。セーブ・ザ・チルドレンが構えたテントの間を多くの難民が歩き、女性のほとんどが頭に水の入ったポリタンクなどを載せています。

「ニイハオ!」

金網の向こうから若いアフリカ人たちが私たちに声をかけました。

「ノー、ジャパニーズ! コンニチワ!」

この近郊のダムでも、南スーダンでも、中国資本の大規模インフラ整備が行われています。彼らは私たちアジア人を見てとっさに中国人だと思ったのでしょう。

周囲を見渡すと、ここまで来る道のりに溢れていた緑がなくなり、木々はあっても葉が枯れています。同じウガンダでも北に行くにつれて枯れ木が多くなり、南スーダンまで北上すればもっと土が乾いています。


キャンプ内の診療所に移動します。細い木材とシートで作られた緊急の簡易的な施設なので、ときどき風が吹き抜けます。

全体を作ったのはUNで、張り巡らされた銀シートはUNHCRのもの。中で行われている外来診療はMSFと「メディカルチームズ・インターナショナル」という組織との共同事業で、MSFからは六人の現地スタッフが運営にたずさわっています。

待合室、診療室が二つ、妊産婦ケアの部屋、ワクチン関係の調査室、栄養失調専門の部屋、データルーム、搬送された患者を経過観察するベッドが置かれた部屋などがあります。

一日で診る患者は一五〇～二〇〇人、てんてこまいの忙しさでしょう。しかし仕事を終えた若い女性スタッフ三人が、おしゃれな髪型にMSFのビブスを着たまま入り口でおしゃべりをしていました。なんとも和やかなムードがあります。

彼女らは南スーダンの言葉を翻訳する係です。これまでの取材地で出会った「文化的仲介者」の役割も担っているのでしょう。

一人の老人が近づいてきました。右手に木を削った杖を握り、足はもつれています。ダウディ・コーヨさん、七七歳。南スーダンのカジョケジから歩いて国境を越えたのが一ヵ月前のことです。

「ここに移れてよかったですね」

「ああ、それはそうだが、もう一ヵ月だよ。向こうではおいしい物を食べていたが、ここじゃ毎日豆だ。豆、豆、豆」

彼はわざと女性スタッフ三人に聞こえるように悪態をつき、彼女たちもただ笑って返します。

おもむろに彼は肩にかけていた小さなバッグを開いて、身元証明書のような書類と衣服のカラーを取り出しました。カラーを作るのが彼の仕事だったと、女性スタッフが翻訳してくれました。母国から慌てて逃げるとき、自分を証明するものとしてカラーをバッグに入れたのか、あるいは、これさえあればまた身を立てられると願ったのかもしれません。

もう一つ、荷物がありました。聖書です。

「私はアングリカン教会派のキリスト教徒だからね」

彼はクロックスのような靴を脱ぎ、右足の小指が痛んで仕方がないのだと訴えました。たまたま私も以前から同じところに痛みがあり、樹脂製の小さなパッドを貼って靴擦れを防いでいたので、それを剝がしてダウディさんの小指に貼りました。

すると彼は何かを手ですくって肩にかける仕草をしながら、私に何かを問いかけます。

「どこで風呂に入っているのか」

「カンパラです。ここから一〇時間くらい行ったところの」

「今日はどこで入るんだ？」

「たぶんビディビディまで行って、ＭＳＦの施設かどこかで」

「わたしもその風呂に入れさせてもらえないか。ずっとまともに体を洗っていないんだよ。君と一緒に移動して、そこで入れればどんなにありがたいか」

ビディビディまで一時間以上かかるはずですし、ここに戻る時間もありません。それどころか、私は自分がどんな場所に宿泊するのかさえ知りませんでした。

「できません。すいません。遠いんです。連れて行けないんです」

女性スタッフ三人は一切口を出さずにいました。私はダウディさんが充血した目で訴えるのを見ていられなくなり、ついにうつむいてしまいました。

「わたしはずっとまともに体を洗っていないんだよ」

診療所を後にするとき、車の外にダウディさんの姿がありました。私は窓から身を乗り出して頭を下げ、それから彼の目を見て手を振りました。彼はうなずき、手を振り返しました。落胆の表情を浮かべながら彼は少し笑顔になりました。

こうして笑いながら彼はたくさんのことを諦めてきたのだと思います。

## あふれかえるビディビディ居住区

また土ぼこりのデコボコ道を走ると、インベピの難民登録所がありました。UNHCRの大きなテントに人が群れ、入りきれずに周囲に座り込んでいる人たちもいます。中には四卓ほどのテーブルがあり、人々はびっしりと並んで順番を待っています。全員、南スーダンからこの日にたどり着いた人です。

子どもを抱く女性、老人、若い女性。服は色鮮やかでも表情は暗く不安そうで、いつ怒り出してしまってもおかしくない雰囲気でした。

ひときわ大きなテントが一つあり、その前に木の枝がたくさん立てられ、それぞれが赤いビニール紐でつながれてレーンになっています。行列で並んでもらうための仕組みです。

テントではMSFが他団体と共に、まず五歳未満の子どもたちにワクチンを打ちます。この日はポリオのワクチンが二七三人、はしかが五三四人、くわえて怪我をしていた一五歳から四五歳の一八人に破傷風ワクチンが接種されたといいます。

これでも少ないほうだ、と看護師が言いました。なにしろ一日平均二〇〇〇人が流入していますから、ここを訪れる人も予防接種も膨大な数に膨れ上がります。

同じ頃、何台もの大きなバスがここに向かっていました。国境で難民を集め、登録所へ運んでくる車両です。朝も夕もやって来ます。彼らの荷物はまた別便で送られるのだと聞きました。

五万人規模のインベピ・キャンプでそうなのです。これから向かうビディビディは二〇万人を超え、まるで都市を形成しているかのようでした。

## 子どもが増えていく

ビディビディ居住区は二〇一六年八月に始まりました。MSFは緊急の対応として包括的医療とWATSAN（水と衛生）のスタッフを送り込みましたが、居住区は一二月には飽和状態になり、インベピを増設するに至りました。ビディビディ居住区は五つのゾーンに分かれています。

ＭＳＦでも他の人道援助団体でも、食料と住宅はうまく供給ができているそうです。ただ、これから本格的な雨季が来るので、マラリア、水を介した感染症、栄養失調が危ぶまれます。すでに下痢の症状がいくつか見られるため、衛生教育も開始するそうです。

それらの支援について、ＭＳＦでは全域を対象に満足度の調査も始めています。

また、心理ケアのために心理療法士を導入し、ＰＴＳＤの治療や性暴力被害のケアも行っています。フランス人のプロジェクト・コーディネーター、ベランジェリイ・ゲが驚愕の事実を教えてくれました。

「難民女性のうち、一〇人に七人がレイプされています。私たちは彼女らへの心理ケアをなくすべきではありません」

難民はただ逃げてきたのではなく、移動の間に身の毛もよだつような体験をし、多くの死者を見、金や土地を奪い取られ、男性女性を問わず性暴力被害に遭っています。

ビディビディ居住区は当初、九割が女性か子どもでした。南スーダンや周辺国では、一人の女性が五、六人産むのが当たり前とされ、難民キャンプでも日に日に子どもが増えていきます。

また男性、特に若者は最後の最後まで家の財産を守ろうとし（南スーダンでは牛が財産であり、それを持つことが名誉につながっています）、政情厳しい土地に残ります。だからこそキャンプがますます女性と子どもだらけになるのです。その若い男性さえ避難を始めているということは、南スーダンの状態がよほど悪化しているということです。

## 命に直結する水

翌日、ビディビディ居住区の「ゾーン２」へ。

ここにもＵＮＨＣＲの遮光テントがあちこちにあります。その脇には土壁とわらぶき屋根の家があります。こちらはすでに居住してから時間が経つ人々が建てた家で、きちんと耕された小さな畑が隣接していました。これから家を建てようと材木を運んでいる人もいて、居住区としての落ち着きを見せています。

「ゾーン２」に限らず、それぞれのゾーンにマーケットエリアがあります。ほとんど自然にできたマーケットで、品数は少ないながら、屋台で食べ物や衣服の売買が行われています。人類がどのように定住していったかを見るようでもあり、広大な平野で現在も続行している移住実験計画という趣もありました。

「ゾーン２」の外来診療所に行くと、ここも木材と遮光テントで組み上げられています。

水配給タンク

入り口付近にトリアージのための部屋があり、奥に進むと応急措置をする部屋、心理ケアの部屋、薬を管理する部屋、血液検査などをする部屋、さらに奥には一〇床ほどのベッドがあります。一日の診療数はおよそ一三〇〜一五〇件です。

他にラジエーター室、洗濯室、スタッフの食事を作る調理場など、どこも木材で組んだ小さな掘っ立て小屋ながら、有効に機能していました。これら外来診療所のすべての施設がMSFによって作られ、今では国際救援センターに引き継がれています。

大きな水配給タンクだけは、いまだMSFの管理下にあります。ビディビディ居住区全体にMSFのタンクが二十数個と、他団体によるタンクもあるそうです。水は難民だけでなく近隣住民にも使われていて、一日三回、MSFが掘った井戸からタンクローリーで運ばれてきます。たえず水質管理担当者が検査をし、適正な飲料水を供給しています。

三メートル半ほどの高さのタンクからパイプが引かれ、蛇口につながっています。周囲には持ち運び用の灯油タンクが並んでおり、たくさんの女性たちが水をもらいに訪れていました。

日本人の一日の水使用量が三〇〇リットル。対して国際機関が掲げる難民などへの緊急時の供給目標値は、一日一五リットル。しかし現実は一〇リットルに満たないときもあります。

難民たちは居住区内における自分の住所を「タンク10」「タンク32」というふうに、タンクの番号で呼んでいました。それほどに、水は飲む者の命に関わる大切な資源なのです。

ゾーン4の入院病棟

**家族でなくても、家族のように**

「ゾーン4」に移り、入院病棟を訪れます。ここは今もＭＳＦが管理していて、妊産婦ケアを中心に、感染症やマラリア、ＨＩＶへの対応も行っています。

赤ちゃんを抱いた若い産婦がベッドで休んで

いました。二六歳のスーザン・ジュルさんは数日前に出産したばかりです。隣のベッドに腰かけてスーザンさんに話しかけている若い女性が二人。その一人ビッキー・ジョジョさんはきれいな発音の英語を話すので、スーザンさんの通訳になってくれました。

「どこからいらしたんですか?」

「南スーダンのリールです」

「どうして逃げてきたんですか?」

スーザンさんの顔から笑顔が消えました。

ビッキーさんは小さく笑いました。訳しにくい内容に戸惑い、質問した私に罪悪感を与えまいと気を配って、複雑な笑みになったのです。きっとビッキーさんたちにも同じような暴力の体験があるのでしょう。

スーザンさんは激しい銃撃を受けていました。兄弟姉妹は殺され、埋葬もできないまま逃げ出しました。身重の体で、三人の子の手を引いて徒歩で国境を越えたといいます。

キャンプで産んだ乳児は発熱気味で、彼女自身も子宮の痛みが消えません。

「厳しい問いになりますが、体が治ったら何をしようとお思いですか?」

「畑を耕したい。食べ物を作ります」

スーザンさんとビッキーさんたちは入院病棟で出会った仲でした。

ビッキーさんの隣にいる女性は流産して治療中で、彼女に付き添ってビッキーさんは病棟に来ました。二人は自分たちと同じように苦難に襲われているスーザンさんを見かけ、こうして隣に腰を下ろし話しかけているのでした。

居住区で生まれた家族のようなもの。家族でなくても、家族のように寄り添っています。

一四歳以下の児童に割り当てられた部屋もありました。一〇床ほどベッドがあり、そのいくつかに母子が寝ていました。床に敷いたゴザに座っている親子もいて、おそらくそちらのほうが落ち着くのでしょう。

喘息、栄養失調、感染症など、子どもたちを襲う病気は多々あります。ここは難民だけでなく、近隣住民の子どもたちも収容するそうです。

患者たちには一日三食、ＭＳＦから食事が提供されています。その他にＡＣＦ（Action Contre la Faim、英語ではAction Against Hunger）という団体と協力し、栄養失調に特化された食事も用意されています。

この病棟で助けられないという事態になれば、アルアの町の病院に搬送され、さらに複雑な外科手術となれば首都へも送ります。キャンプ内の病院だけでなく、ＭＳＦに紹介された先の病院でも、患者の治療費は無料です。全額をＭＳＦが受け持ちます。

病棟を進むと、緊急治療室、男性のための入院施設、薬品管理室、心理ケアのための個室、血液検査室、ランドリー室がありました。これでもまだ手狭な上に、すでに補修が必要になっています。新しく四棟が建設されている最中でした。


「War」

ゾーン４内の「アネックス」という診療所に移動します。

強風が吹けばきしむようなテント造りの小さな施設ですが、とても重要な場所です。ここではワクチン接種や血液検査、子どものための栄養失調の検査が行われ、ビニールで覆っただけのスペースとはいえ、奥には経過観察のためのベッドも並んでいます。重度の貧血やＨＩＶに対応する薬剤、抗マラリア剤など、薬品の支給もここで行われています。

奥に入り込んだところにメンタルヘルスのためのスペースがあります。この居住区では緊急医療にメンタルケアが組み込まれており、外から見えにくくて安心感があります。

事故でもレイプでも、突然の感染症でも、精神的な傷に確実に対応しようとするのがＭ

ＳＦや国際人道援助団体の常識です。そして救援にあたる者にも必ずメンタルケアを受けさせます。

これは日本に欠けている発想ではないでしょうか。怪我や疾患の物理的な処置で終えてしまい、あまつさえ精神的な傷を根性などで克服させようとします。海外派遣された自衛隊員の自殺率を見ても、日本は一刻も早く常識を変えなくてはいけません。

問診票を持って並んでいた三人のアフリカ人女性がいました。二三歳のアンナ・アネットさん、二二歳のジェイス・ルンブカさん、一四歳のベティ・ソンブアさんです。ベティさんは両目が不自由な上に、胃痛に悩まされていました。その体で国境を越えてきたのが半年前のことです。

三人は部族が異なり、別の場所から逃げてきました。家族の生死さえわからずにいます。先ほどの三人のように、彼女たちはここで出会い、寄り添っています。

何があったのか教えていただけますか、と問うと一人がかすれるような声で言いました。

「War」

そうとしか言いようがなく、それ以上のことは彼女たちにもわからないのです。

ベティさんが地域コミュニティの学校へ通っているという言葉だけが、私に与えられた唯一の慰めに感じました。

## ファビアン、水が導いた人道援助

物資供給を担当するロジスティシャン、ファビアン・リューに話を聞きました。フランスのアヴィニヨン生まれで、今回が初ミッションという瑞々しいスタッフです。

もともと環境問題に興味があったのでしょう。学生時代にWATSAN、下水システムを学んだ彼は、パリの私企業でソーラーシステムの仕事をしていました。けれど、日に日に不満が募りました。

「お金のことばっかり考えるのが嫌になったんです」

その企業の先輩が人道援助組織で活動していることを知り、転機になりました。彼は三年で退職し、MSFに入ります。単に転職するのでなく、なぜ人道援助に向かったのでしょうか。

「水は金儲けの道具じゃなく、人の生活の質を上げるためのものです。水がなければ人間は死んでしまうんだから、皆で分け合うべきです」

彼のテーマは学生時代から引き続いていました。いかにも素朴な、しかし真実を口にして、若い彼は少し照れます。

「僕はたいした知識も経験もまだありません。今の僕で役に立てることがあるなら、収入よりもそれを大切にしたいと思っています」

**レベッカ、六〇歳からの転身**

アメリカ人のレベッカ・オーマンは母国で看護師、助産師を務めていましたが、二〇一一年に辞めて、フランス語の猛特訓を受けました。MSFの活動地でフランス語がよく使われるのを知っていたからです。そして二〇一二年、六〇歳のときにMSFに参加しました。

さらに前職があります。助産師の前は、中学教師として科学を教えていたそうです。

「私は旅行が好きでいろんな国に行きました。ミクロネシアに行ったときのこと。出産に立ち会って、こんなに素晴らしいことがあるのかと驚いたんです」

アメリカに戻った彼女は助産師の勉強を始めたといいます。教師から助産師へ、そして妊産婦ケアの修士資格を取り、キャリアを人道援助活動に結びつけました。

「六〇歳になったとき、機会は今しかないと思いました。だから決断しました」

レベッカは感受性に正直に、人生をかたちづくっています。

「まだまだやらなければならないことが、私にはたくさんあります。ウガンダのプロジェクトでも、性暴力被害は繊細で取り扱いの難しい問題です。加害者はレイプを戦争の道具にします。敵をたたきのめすために女性を、あるいは男性を犯し、本人や家族、一族を辱め、心を殺して支配するんです。私たちは被害者が生き抜いていけるよう、その心に命を通わせてケアさせてもらわねばなりません。世界中にこうした性暴力があります」

しばらくして、彼女はとても示唆的なことを言いました。

「私の地図はどうしてもアメリカ中心なの。あなたなら日本中心ね。ラオスの活動地にいたとき、六ヵ国の人たちが集まっていて、みんなで笑ったわ。それぞれ凝り固まった視点で生きてきたとわかったんです」

地図は誰の視点で見られるべきでしょうか。

きっと、あらゆる他者の視点から、です。

## MSFという適材適所

四月二五日、取材最終日。ユンベから首都カンパラへ十数時間かけて車で戻り、本部オフィスと同じ建物内にある「エピセンター」に行きました。

エピセンターは一九八七年にMSFが設立した科学・疫学研究機関です。感染症の発生と流行、その原因について科学的証拠を提供することを目的として設立されました。ウガンダではマラリア、ＨＩＶ／エイズ、結核、アフリカ睡眠病などの研究が進んでいます。

アフリカ睡眠病はサハラ以南のアフリカに多い風土病で、患者・医療者の負担を軽くする検査法と新薬の開発が課題とされています。あまり聞き慣れない病気ですよね。

こうした病いは「顧みられない熱帯病（neglected tropical diseases）」と呼ばれ、罹患するのが貧しい人であるケースがほとんどです。そのため製薬会社にうまみがなく、なかなか治療が進みません。確かな効果があり、かつ安価な薬剤をどう作ってもらうか。そのロビイングを製薬会社に行うのもＭＳＦの大きな仕事の一つです。

さらに言えば、そのような薬が手に入ったとしても、現地でそれを使うスタッフの技能と知識が低ければ薬本来の効果が出せません。ですからスタッフ・トレーニングも欠かせません。

エピセンターは他機関と連携し、医療調査のための資金調達も協力し合っています。人道援助団体はそれぞれ、組織の強いところをつなぎ、弱いところを補い合います。個々の組織が完全無欠に強いわけではないのです。

エピセンターで働く女性医師、マリリン・ボネットに話を聞きました。

彼女がMSFに参加したのは一九九八年、MSFがノーベル平和賞を受賞した前年のことです。以降、数々の活動を経て、マリリン医学博士は二〇〇三年にエピセンターに移りました。そこで薬剤耐性結核、髄膜炎、黄熱病などの研究をしながら、MSFがノーベル賞の賞金で設立した「必須医薬品キャンペーン」（製薬会社に薬価の引き下げや新薬・診断ツールなどの開発を促す）の活動を行ってきました。

同時に、啓蒙活動の必要もありました。アフリカ睡眠病が製薬会社に顧みられにくいように、土地の宗教や伝統によって埋没してしまう病いもあるからです。たとえばHIV／エイズをいまだに「悪魔の病気」ととらえる地域があります。そうすると治療にまで考えが至らず、患者は漫然と死を待つことになってしまいます。

「MSFは数年から数十年という活動が多いでしょ。でもエピセンターはもっと長くデータを取っていかなければいけないの。だから次の世代をその場所で育てるのも大事になる。私もエンテベにある大学で教鞭を執って、ウガンダの学生たちにトレーニングをしているのよ」

その土地で自助ができるようにすること。これはMSFが常に掲げている長期的な目標です。

マリリンの話を聞きながら、世界にはあらゆる人の適材適所があるのだと考えていました。マリリンも、ファビアンもレベッカも、マニラのスラムでも、ギリシャの難民キャンプでも、ハイチの医療機関でも、各自が適材としてＭＳＦという適所を見つけていました。

ジャン＝リュックが別れ際に口にした言葉が印象的でした。

「活動が楽しいと感じる限り、僕は現場にいるよ。キャリアを上げようとはまるで考えていない。現場を離れて何が面白いんだい？」

彼は人生を謳歌しています。働きがいと生きがいを一致させた人の強さを感じました。

## 南スーダン

前節では、南スーダンの難民たちが暮らすウガンダのキャンプを取材しました。今回の取材地はその南スーダンです。紛争国に暮らす人々の実情、MSFの任務、残されている課題に触れていきます。

成田空港からドバイを経て、新担当の舘さん、戦場カメラマンの横田徹さんと共に南スーダンの首都ジュバへ向かいます。

### 紛争の絶えない南スーダン

一八九九年からイギリスとエジプトに共同統治されていたスーダンは、南北を分断する植民地政策がとられ、たがいの交流を禁じられてきました。その経緯から、住民たちは南北の統一に違和感を持っていました。一九五六年にスーダンが国家として独立をはたす前年、政府側の北部と分離独立を求める南部との間で内戦が勃発します。

停戦、内戦の再燃を経て、二〇〇五年の南北包括和平合意（CPA）の締結まで、この経験は「アフリカ最長の内戦」とも呼ばれます。

南スーダンがスーダンから独立したのは二〇一一年、きわめて若い国です。しかし紛争は終わりませんでした。南スーダンは独立後間もない二〇一三年暮れに事実上の内戦に突入します。

南スーダンは多部族で構成されており、最大多数のディンカ族の他、ヌエル族、シルク族などがいます。現大統領キールはディンカ族出身で、キールによって解任されたマシャール前第一副大統領はヌエル族出身。この二人の政治的対立が、やがて両派を支持する民族同士の複雑な紛争へと発展したのです。

住民たちは貧しく飢えており、マラリア、コレラなどの伝染病が蔓延し、隣国にはエボラ出血熱が徘徊しています。

内戦下、国内避難民が増え、国外へ逃げる難民も急増しました。国連によると、二〇一七年末の時点で二四〇万人が国外へ脱出し、ほぼ同数が国内で避難生活を送っています。その八割が女性と子どもで、子どもの六割が一八歳以下です。

あるイギリスの機関の発表では、内戦による死者は四〇万人にのぼり、その半数が直接的な戦闘によって亡くなりました。とどまっても地獄、逃げても地獄です。

そこで国連ＰＫＯが入りました。日本の自衛隊が武器を携行してＰＫＯ活動に参加したのは、内戦勃発からそれほど時間が経っていないうちでしたから、日報が隠されているのにはそれなりの理由があるだろうと推測せざるをえません。

二〇一八年九月、南スーダンの周辺各国や、トロイカと呼ばれる三ヵ国（アメリカ、イギリス、ノルウェー）の主導によって、和平協定が締結されました。この合意の裏には、停戦しなければ財政支援を打ち切るという中国の圧力があったとも言われています。

ＭＳＦは活動各地で暴動への備えを厳しくしました。和平協定に反対する勢力が暴れ出す可能性があるからです。実際に二〇一七年、ＭＳＦスタッフの撤退や規模縮小を余儀なくされる事態がありました。しかしながら、私の取材が許可される程度には政情が落ち着いたと判断されたのでしょう。二〇一八年は衝突が減少したという報告もあります。

今後、暫定統一政権が発足します。三年間が無事に明ければ本格的な内戦停止とみなされますが、二〇一九年五月予定だった政権発足が半年延期されました。まだ楽観的な観測はできそうにありません。

**セキュリティとディグニティ**

ジュバ空港に着き、シャッターを切るとすぐに警備の軍人が近づいてきて制止します。

飛行場脇の掘っ建て小屋に連れていかれ、事前に申請していたカメラやバッテリーなどを、役人と警察官が立ち会う前で照合させられました。撮影についてはこの後も何度も注意を受けました。どこもかしこも戦場の緊張感に包まれています。

迎えてくれたのはOCB（オペレーションセンター・ブリュッセル）の車でした。しかし今回の取材を受け入れた事務局はOCBA（バルセロナ）です。

オフィスに着いてわかりました。ジュバではMSFの各組織が複数で活動しています。それだけここが危険な地帯だということです。オフィスは二階建ての洋館で、一階がOCP（パリ）、二階がOCBA。鉄扉を挟んだところにOCA（アムステルダム）の、付近にOCBの入った建物がありました。

OCPのオフィスでレクチャーを受けました。

「セキュリティとディグニティには特に注意すること」

セキュリティとは自分の安全のことです。連絡用の機器を貸与され、地図のコピーをもらい、自由に出歩ける区域があまりに狭いことを知りました。あるゾーンは一八時まで、隣のゾーンは一六時というふうに、「curfew（門限）」が細かく設定されています。門限というより「立ち入り禁止」「外出厳禁」に近いニュアンスです。

ディグニティとは、取材される人の「尊厳」を絶対に傷つけるな、という指令でした。

紛争地ならではの注意もありました。

「もし交戦を目撃したら○○してください」

「大きな紛争のときには○○に避難してください」

「この建物の○○に防空壕があります」

安全管理の情報を含むので詳しく書けませんが、きわめて細かく厳重に自衛策がとられていることを、ロジスティック・コーディネーターから説明されました。

後述する北東部のマラカルでは、これまでのどの国とも違い、私にも大きな無線機が支給され、腰に装着しました。

ここまでしていても、何かあったら〝自己責任〟と言われてしまうのか。日本社会の空気を思い出し、少し息苦しくなりました。

これも安全上の理由からどことは書きませんが、MSFのある建物はヘスコに囲まれています。ヘスコとは大型の土嚢です。

一般的な土嚢は布でできていますが、ヘスコは筒状の金網の内側に耐火性の布が張られ、それをたくさん連結して防弾壁を形成します。網と布を折り畳んだ状態で運び、あとは現地で土を詰めて設置する方法で、簡易にして強度が高いのだそうです。

ヘスコで隠されたガラス窓を見て、ジュバに飛び交った砲弾のことをようやくリアルに想像できました。

## スナック補充に薬剤管理に

二〇一八年一一月三日土曜、日本人スタッフの的場紅実さんに同行しました。

的場さんはファーマシー・コーディネーター（薬剤師）としてMSFに参加していますが、このときは外国人派遣スタッフが交代制で担当するフードボックス・マネージャー（食事係）を兼ねていました。調理は現地の専門スタッフが行うのですが、食費の徴収と管理や、ボランティアスペースのフードボックスにある嗜好品を予算内で補充します。

彼女は少しでも安いスーパーを目指し、しかもはしごします。一年前にできたばかりの中国系スーパー「ジュバ・モール」ではプリングルスの数種類やパンに塗るヌテラなどを、ジュースは「フェニシア」でより安く仕入れました。

ケーキ売り場のあまりの多彩さに、ジュバに平和が訪れつつあると私は思いました。商人は機に敏く、判断が現実的です。戦地の跡に消費者が生まれつつあります。

的場さんはずっと小走りです。急ぐ理由がありました。ファーマシー・コーディネーターとして、日課である薬剤倉庫のチェック時間が迫っていたからです。

薬剤倉庫は巨大でした。MSFの五つのOCが一六のプロジェクトを抱えている南スーダンだけに、この倉庫も四つのOCの薬剤が備蓄されていました。

南スーダンのミッションで使用される薬剤はいったんジュバに輸入され、陸路やMSFの飛行機などによって国内各地に運ばれます。その過程でも、薬は一定温度以下で保管されなければいけません。

他の役職ならば十分に休める週末でも、ファーマシー・コーディネーターは必ず一日に二回、温度チェックにやってきます。大きなボックスを次々に開けてはログタグと呼ばれるモニターを見て、温度変化の記録を確認します。

「私たちファーマシーも、ロジスティックもアドミンも、後衛のサポート部隊です。そのバックアップがあるので、前衛をドクターや看護師、助産師などメディカルたちに任せることができます」

倉庫内に見たこともないほど大きな四駆車がありました。難民キャンプのあるユニティ州イダなど、雨季になると道が通れなくなってしまう地域を走破して薬を届けるためです。戦車よりも車高の高い巨大な車両でした。

## 個でいられる理想の職場

的場さんは大学の薬学部に行き、遺伝子機器メーカーに営業として就職しました。薬剤師だった母を見て「やれることの限界」を知り、当時は薬剤師を選ばなかったのだそうです。

自分は何者でもない、と感じていたといいます。大学受験で医学部に落ちたときに挫折を味わいました。でも、それでいいはずがないとも彼女は思っていました。

ついに会社を辞めて、「世界青年の船」に乗ります。アフリカなどの国々を五〇日間、一五ヵ国の人たちと回る予定でした。しかし九・一一テロのために航路が変更、ニュージーランドやタイへと向かいました。二〇〇一年、二五歳のときです。

一〇年ほど様々な場所で働きましたが、アフリカに行けなかったということが心残りでした。ある病院で働いていたとき、職場の同僚医師が、ＭＳＦに参加したことのある女性医師について話しました。

「的場さんと同じ匂いのする人なんだよ」

女性医師を紹介してもらい、その過程で長崎大学熱帯医学研究所を知りました。そこの熱帯医学研修課程なら、医師や看護師だけでなく薬剤師も参加でき、マラリアやＨＩＶの勉強ができるそうでした。

　早速受験し、いったんは補欠となりましたが、一五人の合格者のうち自衛官の一人がイラクへ派遣されたため、滑り込むことができました。

三ヵ月の履修を終えて、ＭＳＦに応募するも不採用。諦めきれなかった彼女は、発展途上国の活動に活かせるようにと、タイのマヒドン大学で公衆衛生の修士を取得します。そしてＭＳＦに二度目のチャレンジをしますが、不採用。でも、まだまだ彼女は諦めません。経験を積むため、救急やＩＣＵのある病院に勤務先を替えて、四年間勤務。そしてようやく採用されました。

　私なんて落ちこぼれなんです、と的場さんは笑います。

「でもＭＳＦって、人に勧められて嫌々来る人はいないんです。私も朝起きていやだなあと思うことがない。自分が選んでここにいるという充実した思いしかありません」

　これまでＭＳＦで七ヵ国、他の人道援助団体で一ヵ国を経験してきました。

　難しいのは、日本に戻っている間につなぎの仕事しかないことです。海外に派遣されたスタッフの帰国時のシステムの欠如は大問題で、なんとか人道援助のための法律が作られるとよいのですが。

「一〇年やってても、日本に戻って大学病院に行けば一年生として扱われます」

経験豊富な人材を、日本では軽んじてしまう。だから人材はまた外に流れていく。

「日本だと社長のためとか、給料のためとか、あるいは不安だからとか、そういうモチベーションですよね。どうしても世間が神様という感じがあります。でも、ここでは個でいられます。誰と比較する必要もありません。自分で計画を立てて、患者さんのために動くだけ。MSFはシンプルです。だからストレスがありません」

理想の職場ではないですか。

逆に言えば、日本がいかに働くことへの能動性を奪われる社会であるかがわかります。

### 紛争国での活動内容

さて、MSFの南スーダンでの活動を、四つほどご紹介します。

まず一つ、南部ヤンビオで小児科支援を開始しました。この病院ではもともとHIVプロジェクトを担っていましたが、マラリア症例の増加などを受け、より緊急的な医療のニーズに対応すべく変えました。

この小児科支援に「少年兵を解放した上でのメンタルヘルス」が含まれているのがいたましいと思います。彼らは幼くして憎悪を植えつけられ、人が殺されるのを目撃させられ、自らもそれを行います。解放されたとしても、その体験を記憶から引き剝がすのは容易でなく、ふとしたはずみで憎悪の連鎖へと誘われてしまいます。

もう一つは、エボラ出血熱への備えです。隣接するコンゴ民主共和国の北部ではすでにエボラ出血熱が発生しています。

さらにもう一つ、ウーランという地域で新プロジェクトが発足し、反政府エリアでの活動が始まりました。できれば現地スタッフを雇用したいのですが、政治的に対立する患者には反発があり、繊細な説得が必要とされています。

そしてもう一つ、マラカルにある二つの病院での活動。POC（国連民間人保護区）内の病院での医療活動と、市内にある四〇床の病院の運営があります。前者は政府軍に追われた避難民のための場所で、後者は追い出したほうの政府側地域にある病院です。MSFは分け隔てなく双方に医療を提供します。

この日、エチオピア人医師アドリー・メンギストゥ・エンデショウは、日帰りで南スーダンの北部地方へ行っていました。アドリーは医療チームのトップとして、反政府勢力にも医療を施せるよう、勢力の有力者を説得してきました。

もしそれが受け入れられたとしても、アドリーは政府側と反政府勢力の両者にさらなる調整をしなくてはいけません。おたがいに相手側の息のかかったスタッフを入れないように離さなくてはいけないのです。そうでなければ、医療現場が政治対立の場と化してしまいます。

医療が中立を貫くことを理解してもらうために、プロジェクトの責任者やリーダーは政府関係者や地元勢力のもとに何度も足を運び、粘り強く話をします。紛争国での医療活動には、こうしたタフなネゴシエーションがあるのです。

政治的、宗教的、民族的に対立する両者の、どちらが善でどちらが悪かと考えません。どちらにも善意を向けてやまない、それがＭＳＦの医療です。

## 第二の都市マラカル

一一月五日、ジュバ空港からＵＮＨＡＳ（国連人道支援航空サービス）の小型機に乗り、北東部のマラカルのミッションキャンプに向かいます。

空港からキャンプへの道すがら、私たちの四駆はしばしば検問を受けました。兵士がドライバーにいろいろと質問し、別の兵士が棒の先に鏡をつけたもので車体の裏を検査します。少しずつしか進めません。

最後のチェックポイントを過ぎ、鉄条網の中に入っていくと、左側に「人道主義者エリア」という看板が、右側にロジスティックのベースがありました。

人道主義者エリアには、世界中の様々な団体がテントやコンテナで拠点を作り、国連の車と並んで各自の移動手段を置いています。MSFのマラカル宿舎はエリアの最奥、赤十字国際委員会の隣にありました。

木造の建物にトタン屋根、広々として清潔感があります。中に入るとコンテナ造りの個室が並び、クーラーもあります。パブリックスペースには三つの大テーブルに数台の冷蔵庫が置かれ、キッチン、洗濯場、男女用二つずつの簡易トイレがありました。


マラカルは南スーダン第二の都市として空港を持ち、この国に二つある油田の一方の近くです。もともと複数の部族が共存していましたが、二〇一三年にジュバで始まった部族対立が一週間でマラカルにも飛び火し、マラカルの支配を巡って武力衝突がくり返されます。住民たちは家族を目の前で殺され、家、家畜、農地など全財産を失いました。逃げるときに生き別れた家族の安否もわかりません。

多くの人が市内から国連南スーダン派遣団（UNMISS）に向けて逃げました。そのUNMISSに併設するかたちで作られたのがPOCです。MSFはすぐにPOC内に病院を作り、医療援助を開始しました。

ＰＯＣ内ではしばらく複数の部族が避難生活を送っていましたが、二〇一六年二月、キール大統領支持のディンカ族武装勢力がＰＯＣを攻撃。一万五〇〇〇のテントを一晩で焼き払い、ディンカ族の人々を強制的にマラカル市内に連れ戻しました。

それでも対立する双方に医療を提供するため、ＭＳＦは二つの病院で活動しています。患者第一で動く。ＭＳＦの姿勢は地域住民によく伝わり、ＭＳＦの赤いマークを知らない人はいないそうです。


アウトリーチもマラカルの重要なプロジェクトです。それぞれで一般診療、小児科、産科、新生児科、救急、ＨＩＶ／エイズ、ＴＢ（結核）、風土病対策、コレラやはしかの予防接種などを行います。まだ小規模ながらメンタルケアも始まりました。

症例としては呼吸器感染症や皮膚感染症が多く、成人死亡率が高いのは慢性疾患だそうです。紛争での殺し合いは減り、長引く避難生活による疾患に変わってきたのでしょう。

取材当時、マラカル市内には二万人（元は二〇万人）、ＰＯＣに二万八〇〇〇人がいましたが、アウトリーチとなれば地域にたくさんの避難民が散らばっています。二〇〇人ほどの現地スタッフと一八人のエクスパット（外国人派遣スタッフ）でも手が足りません。

そこで常に地元採用を求めていますが、南スーダン内に医療的スキルのある人材があまりに少なく、衛生管理士や助産師に空きが出ても埋まらない状態です。現地で人材を育てていくことが新しい課題としてあります。

## POCに暮らす母子

さて、妊産婦へのヘルス・プロモーション（健康啓発）のため、POCに出かけます。POCで生まれた新生児と母親の一組につき週三日、グループで訪問しているのだそうです。対象となる母子は週に三〇組ほどで、現地スタッフが毎日手分けして出かけています。

この現地スタッフはPOC側のコミュニティに属するワーカーです。医療者と患者の間で、宗教的・文化的背景を含めて言語を通訳する「文化的仲介者」として機能しています。

四駆でPOCに入るとき、青いドラム缶に排泄物を入れて運び出すトラックと出くわし、歩いて行くことになりました。ひからびた土の上を進み、土手を下り、板で作られた橋を渡って細い道に入ると、左右に銀色のテントやトタンで囲われた家がありました。中の一つに現地スタッフが声をかけ、私たちも続きます。

室内は湿気と高温で蒸していました。暗い部屋に七、八人の黒人女性がいて、グラスでコーヒーらしきものを飲んでいます。奥のマットレスの上に若いお母さんと赤ん坊がいました。

ジョセフィーナ・ジョセフさんは前日に子どもを産んだばかりで、MSFの訪問はこの日が初めてです。チームリーダーのポルトガル人女性ルーデス・ドス・サントスと現地スタッフが、若いお母さんに質問を投げかけ、アドバイスをします。

女性宅を訪ね、生まれたばかりの赤ちゃんを診察する医師

母乳の状態はどう？　もし出にくかったら母乳以外をあげてもいいからね。肘に頭を乗せて授乳するといいわよ。吸いつきは悪くない？　乳首は先端だけでなく全体を含ませるの。そして、赤ちゃんの目を見てあげるのよ。

ジョセフィーナさんはシルク語で返事をし、ときに舌を鳴らしてOKの意を示します。本来なら彼女の母なり年上の女性たちが教えてしかるべき事柄でしょう。それをMSFのチームが指導しているということは、紛争で家族が失われ、家族間で伝えられるべき文化が途絶えているという背景があるのかもしれません。

ルーデスは消毒ジェルを手に塗り、赤ちゃんの握力、眼球の動き、脈拍、黄疸がないかなどを診察し、「赤ちゃんの手や唇が震えていないか気をつけて。それと、同じ姿勢で寝かさないようにしてね」と指導しました。

「じゃあ、また二日後に」。ジョセフィーナさんの舌が軽快に鳴らされました。

## 少年兵のメンタルヘルス

POCの病院にて、メンタルヘルス担当の現地スタッフ、ダーン・タップに話を聞きます。

ダーンはマラカルで水道局の仕事をしましたが、POCに避難してきた後、二〇一四年にユニセフでFTR（ファミリー・トレーシング・リユニフィケーション）の仕事に就き、二〇一五年一二月からMSFに参加しています。

FTRとは、紛争で誘拐されたり、少年兵として親元から離されたりした子どもを家族に戻す活動です。紛争地の子どもたちは大人の勝手な暴力で苦しみ、物理的に家族の元に帰れても精神的な苦痛から逃れられない子がたくさんいます。仕事がなかったり、親を亡くしている子も多いそうです。

彼はMSFで臨床心理士たちから学び、今は精神科医と共に外来患者のカウンセリングもしています。

「鬱で自殺念慮に苦しんでいる人や過眠症、不眠の人もたくさんいる。もし精神科医がいなければ、内科や外科のドクターと治療にあたることもある。病院で心のケアが受けられるんだよって、POCに住む人たちに啓発活動をしているんだ」

一日に新患が二~五人来るというのですから大変なことです。孤独感にさいなまれる患者、凶暴性を抑えるのが大変な患者など、様々なケースが紛争地にあふれています。

「他の人道援助団体にも精神科医がいないわけじゃないけど、この分野ではMSFが進んでいるね。もともと僕はお金のためにNPOで働き始めたんだけど、こんなふうに行政が機能しない中ではボランティアが人の暮らしをよくする以外ない。マラカルはシビアな場所だよ」

## 政府支配下区域の病院へ

一一月七日、マラカル市内へ向かいます。POCからすれば正反対の、政府軍支配下でディンカ族が暮らすところです。

市内病院は、かつて南スーダンの国立病院だったものをＭＳＦがリノベートして使っています。そのため立派な建物群で、広い敷地の中には近代的な洋館などもあります。

症例で多いのはＨＩＶ、結核、風土病です。武力衝突の減少により、銃創などの怪我は減っています。医療スタッフのパウル・ニョックによると、憂鬱を訴える人が多いそうです。

「戦争のせいで……」と言いかけた私に、パウルは意外にも首を振りました。

「それもありますけど、家族内に起きたあらゆる悲劇が引き金となります」

親族を失い、家財を失い、それによって家族でもめごとを起こしてしまう。紛争後の状況下で精神的なバランスを逸してしまうのです。これは紛争被害の数字に上がってきませんが、明らかに紛争が大きく残していった傷です。

こうした不安定な状態は次の紛争を呼びかねないはずで、メンタルケアは国情の改善につながっているのだと思いました。

入院病棟に移り、緩和ケアや集中治療室、精神疾患の部屋などを見ていき、二〇一四年に焼けてしまった小児病棟の跡に足を踏み入れました。もとはレンガ造りに漆喰が塗られていたのでしょうか。壁がほとんど黒く焼け崩れ、まるで遺跡のようです。砲撃は無差別に行われ、病院にも飛び火し、病院に押し入った武装勢力により患者も殺されました。

市内病院で働くマラカル出身のスタッフ、アブラハム・デン・ゴチに話を聞きました。彼は首都ジュバで看護の勉強をして、二〇一三年にマラカルに戻った途端、内戦になってしまいました。すぐに国連平和維持活動（ＰＫＯ）の施設に避難し、二〇一四年からＰＯＣにあるＭＳＦで働き始めました。

二〇一六年、そのＰＯＣまでもが武装勢力に攻撃されます。武装勢力は病院にいたディンカ族をＰＯＣからマラカル市内に連れ去りました。この攻撃は酒に酔った一部の勢力が起こしたことで戦略的なものではなかった、と彼は言います。真実は両勢力たがいに異なって伝わるのです。

運良く助かった彼は、親をいったんウガンダへ逃がし、彼自身は国連に連れられてジュバに行き、ようやくまたマラカルへ帰ってきました。

「平和が来たら、また勉強して医者になります。和平協定が有効であることを願っています」

### シルク族スタッフの記憶

エマニュエル・クルはＭＳＦの現地スタッフとしてロジスティックのアシスタントをしています。額に点々と一本線を綴った無色の入れ墨があり、彼がシルク族であることがわかります。

一九八四年生まれのエマニュエルは、南スーダン独立戦争のため、若い頃から軍の訓練を受けさせられ、戦闘を体験していました。そののち大学に戻りましたが、軍はいつでも彼を受け入れる用意がありました。

二〇一三年一二月、彼はＭＳＦに入りました。内戦勃発直前というタイミングでした。

「若い男は捕まって殺されるか、反政府軍になるかしか選択肢がありませんでした。僕の親友は殺されました。ＭＳＦという拠り所がなかったら、僕は戦士になっていたかもしれません」

まもなくして、最初の戦闘は朝七時に始まった、と彼は言います。武装勢力が侵攻して街で戦闘がくり返されました。

前線が郊外に移るにつれ、対立する両勢力の負傷者が病院に運ばれてきます。患者同士が病院内でも対立するため、ＭＳＦら人道援助団体は中立的な対応を徹底しました。

二月に二度目の戦闘が始まり、ユニセフは国連ＰＫＯ施設に避難。ＭＳＦと赤十字国際委員会（ＩＣＲＣ）は病院に残って四日間医療行為を続行しました。市民たちは家から出られずに困窮したそうです。彼もその一人でした。

四日後、国連ＰＫＯの戦車がやってきて、ＭＳＦらを撤退させました。さらに後日、彼は友人のおかげで国連施設に避難でき、そこで一時撤退したＭＳＦチームと連絡を取り合い、五日後には病院に戻りました。

しかしそこで見たものは、病院内で殺された一四人の遺体と、略奪され火をつけられた病棟、破壊された救急車などでした。

街周辺でも多くの民間人が命を奪われました。地獄の様子を思い出すように彼は語りました。

「和平協定は……もともと我々のものだった上ナイル川の東岸が返還されれば可能性があります。しかしいずれにせよ、部族の王が決めることです。妊娠出産も、戦闘も、王の許しがなければ行えませんから」

部族社会の掟もまた、南スーダンの「今」なのです。

## アウトリーチへ

一一月八日、この日はアウトリーチのため、船で川を遡行します。

チームの責任者ジョブ・オンディエキ・カマンダは言いました。

「このプロジェクトは二〇一七年一〇月以降に始めたんだが、その頃はもっともっと治安が悪かった。今から行くところは、昔たくさん人が住んでいたんだよ。

僕らは医療を運んでいる。けれど食料や水や仮設トイレも提供したい。環境が劣悪だから、なんとかしたいんだ」

土地に残る決断をした人々です。彼らは夜露をしのぐ場所を探し、急いで農作物を育てなくてはいけません。飢えで、伝染病で、あるいは暴力で亡くなる危険の瀬戸際にいます。

船着き場とも言えないような泥の斜面の下に、小型ボートが一艘。スタッフたちが黙々とクーラーボックスやプラスチック椅子などを運び込みます。傍にはヘスコに囲まれた木組みの塔がありました。写真を撮ろうとすると、即座にスタッフに止められました。

「監視塔だ。撮っちゃいけない。中で兵士が銃を持っている」

政府軍でしょうか、小屋の中には常に兵士がいるそうです。こういう監視は、本当に相手がいるのかわからないからこそ恐ろしいと実感しました。

オレンジ色のライフジャケットを着て船に乗ります。キャンバス地の屋根のみの簡易な船で、山盛りの荷物は先頭に縄でくくりつけ、さらに人間が三人ずつ三列に座り、不安定な状態です。モーターがしゃかりきに動きます。

青草が茂る岸に、とんがり屋根の土製の家が見えることがありました。

「家にも軍が駐屯していることがある。カメラには気をつけろ。向こうから撃ってくるぞ」

まるで『地獄の黙示録』です。一瞬たりとも気が抜けません。

しばらくすると船が岸につけられました。まだ目的地ではないはずですが、数名のスタッフが上陸していきます。わらに囲まれた大樹の下に、一人の男と世話役らしき人物が椅子に座っていました。薄青いシャツに焦げ茶のスラックス、黒いサンダルという普段着で、男はとても威厳があるようには見えません。

しかしスタッフたちは彼らを恭しく扱いました。その男、アブラハム・カメージは政府軍が支配するこの地域を治めるリーダーらしく、彼の許しを乞うことなく船を進めるわけにいかないのだそうです。スタッフは世話役が差し出すノートに名前と職業を書きました。

話を先取りしますが、帰りにもこのリーダーに私たちは止められ、地元の漁船がMSFの船にぶつけられて故障したとクレームをつけられました。そんな事実はありません。でもMSFの責任者たちは、こういう理不尽なパワーゲームをも乗り越えなければいけないのです。そうしなければ、何かを払わされるか、交通の権利を失ってしまうかもしれません。

船を進めると、やがて石造りの洋館が見えてきました。窓ガラスも扉もなく、ただ基礎部分だけが残った状態ですが、もともと病院だった敷地です。ここに女性たちが住みついています。廊下の上では少量の薪に火をつけ、鍋で何かを煮ています。中庭にはヤギがつながれています。焼き畑が終わった黒い土、枯れたオクラとトウモロコシの茎、とても貧しい栽培地が見えました。

彼女たちは紛争を逃れてきた避難民、しかも政府軍側の部族です。にもかかわらず、彼女らは家もなく、三〇〇人ほどでこのあたりに拠点を作っています。MSFは二週に一度ずつ、出張して診察しています。

スタッフたちは大きな木の下に即席の〝病院〟を作り始めました。プラ椅子を配置し、テーブルを組み立てます。体重計を運び、透明なプラスチックボックスからカルテを出し、聴診器をテーブルに置きます。

スタッフの一人でコミュニティ・ヘルスワーカーのガラン・ロニー・ガランがトラメガで「遠隔治療が来たぞー」と呼びかけると、駆け寄るように女性たちが出てきました。口々に何かを訴えます。サソリが多くて困る、石鹸がない、蚊帳を運んでほしい、履く物が欲しい、と。男性は一人も出てきません。

やがて女性と子どもたちは、小さな紙を持って列を作りました。体重や体温を計り、詳しい問診と診察が行われます。さほど状態が悪くない人は薬剤師のテーブルへ行き、錠剤やカプセルを処方されます。たとえば赤いのはイブプロフェンで、朝晩一錠ずつといった具合です。

この日、五歳以下で小児用ワクチンを打ったのが六人、妊婦で破傷風ワクチンを打ったのが三人、傷の手当てをしたのが五人、医療を施した全人数は五七人でした。

即席の〝病院〟

栄養失調児の調査、子どもの予防接種、妊婦健診、大人を含めた診察と薬の処方。これら四つの柱でアウトリーチは行われており、出張先はここ以外にもあります。

医療行為が終わると、ガランがまたトラメガを持って建物の中に人を集めます。紙芝居を使って、健康と衛生についての啓発活動を行います。子どももおばあさんも働き盛りの女性も、みな熱心に絵を見て、質問に答えていました。

二三歳のガランはもともと教師でした。しかし紛争によって教える場所が少なくなったのでしょう。ＭＳＦで働き始めて一年半、今はこういうかたちで子どもを導いています。

洋館の裏に回ると、驚きました。そこに男たちがいたからです。みんな中年以上の年齢でした。彼らは一本の低い木の下で車座になり、ペースト状にされた豆を口に運びながら、葉でほうきを作っていました。今は何に困っているかと質問すると、彼らは言いました。

「投網が欲しいよ。漁ができないんだ」

「サソリだ。ここらはサソリだらけなんだよ」

「蚊帳もないから蚊に刺されっ放しだ」

「金がないんだ。だから子どもも育てられない」

「ここらじゃトウモロコシくらいしかとれないんだ」

「薪を探しにブッシュに行って、炭を作って売るくらいしかないのさ」

食べ物に困り、生産手段が断たれ、つまり金に困っています。女も男もサソリよけと蚊帳を所望するのは、それがよそで売れるからかもしれません。

「マラカルには戻りたくない」

一人がそう言いました。マラカルは彼らディンカ族の都市であるにもかかわらずです。同じ部族の中でさらに階層が分かれているのでしょうか。

錆びた装甲車が捨てられています。学校だった建物の屋根は爆撃で穴が空いています。元の村はとっくに破壊されていました。破壊したのはディンカ族です。地域の支配をめぐって戦闘は続き、結果として、誰も幸福になっていません。

## 元少年兵として

一一月九日、取材最終日、国連機で首都ジュバに戻りました。最後に話を聞いたのはドライバーのコルスック・アンソニー、屈強な体をした三六歳の青年です。

コルスックはジュバの南にあるカジョケジ郡に生まれ育ちました。

反政府軍の兵士だった父親は彼にいろいろな話を聞かせました。「今話しておかなければば、本当に必要なときに父さんはいないかもしれないから」と。

彼は母と一緒にウガンダに避難するはずでしたが、当時のスーダンを出るとき、不慮のアクシデントで彼は連れて行ってもらえませんでした。母はウガンダで避難生活をし、彼は父と叔父夫婦とカジョケジに暮らします。

父は軍の内部で何らかのトラブルに巻き込まれたのでしょう。「俺を探しに来るやつがいても決して居場所を言ってはならない。そして他の誰かにすぐ知らせろ」と言い含めていました。その言葉どおり、男たちが村にやってきて、父は食料置き場に隠れました。男たちは二度、三度とやってきます。「父親の居場所を教えないとお前を殺す」と銃口を突きつけられ、「いいよ。さあ撃ちなよ」と彼は答えました。

「このまま苦しい生活が続くなら、死んだほうがましだと思ったんです。なぜそんなに自暴自棄になるのか、と兵士たちは聞きました。私はまだ子どもで何の力もありません。そう答えるしかなかったんです」

一三歳のとき、男たちは彼を連れ出しました。彼は殺されるのだと覚悟しましたが、薪拾いや水汲みなどに使われました。他にも同じような子どもたちがいました。

父は息子に常々言い聞かせていました。

「いつかお前は拉致されて、軍に強制参加することになる。生き延びるすべが必要だ。どんな状況でも強くあれ、男として」

彼は軍の様々なトレーニングを受け、反政府軍の少年兵士として攻撃に参加させられました。敵陣へのスパイまがいの活動もありました。

三年が経ち、父が彼の所属する部隊を突き止め、同じ村出身の二人の子どもたちとともに彼を解放するよう、上官に交渉しました。

解放後、父は彼を母のいるウガンダに向かわせます。彼を含む数人の子どもたちが付添人について移動しましたが、国境を渡ると「ここからは捕まる恐れはないだろう」と付添人は去っていきました。子どもたちだけで歩きました。

ウガンダで出くわした国連職員に「母を捜しに来た」と伝えると、事務所で身の上を聞かれました。母親の名前を言うと、コンピュータで一人の女性の写真を見せられました。彼の母でした。

国連の車でスーダン人居住区の「アリワラ」に向かい、やっと母や妹たちに再会できました。しかし五年後の二〇〇六年、母親はがんで亡くなります。

「お金があれば大きな病院に連れて行けたのかもしれませんが……」

二歳の弟がいました。まだ母の授乳で育っている途中でした。父はスーダンとウガンダを行き来していましたが、情勢が悪化するスーダンを父は離れられず、一緒にウガンダで暮らすことはかないません。彼は弟や妹を育てる自信がなく、結婚を決意したといいます。家族六人、食料も衣類も自分たちで手に入れなくてはいけません。

「二〇〇九年に帰国を決意しました。ウガンダは結局、私たちの故郷ではありません。スーダンでは数年前に和平合意が結ばれていましたし、平和が訪れれば自分たちで結束して強く生きていけると思っていました」

彼は自転車タクシー「ボダボダ」の運転手をして日銭を稼ぎました。元手はありませんから自転車は借り物です。ある日、一人の男性が彼に言いました。

「お前は働き者だから、将来につながることを始めなさい。少しのお金があるなら技術学校へ行き、整備士や運転手の道を開くといい。よりよい生活を手に入れてほしいんだ」

彼はお金を工面して学校に行き、二ヵ月半かけて運転免許を取得しました。運送会社で仕事を見つけてトラックの運転手に、二〇一一年以降はいくつかの人道援助NGOで働いたのち、二〇一三年にMSFのドライバーになりました。

MSFに入ってからも、南スーダンでの暮らしは楽ではありません。ジュバは決して安全でなく、彼の家族は再びウガンダのアルアに家を借りて暮らしています。彼は三ヵ月に一度、家族に会いに行きます。

コルスックの過酷な人生、これは紛争国ではありふれた悲劇です。

私はこうして、まるでＭＳＦの勝手な別動隊のように取材を続けることで様々な世界の困難を見せつけられ、けれど同時にそれに立ち向かい続ける一人ひとりが絶えないことも知り続けています。

そしていつか、読者の方とフィールドで会うこともあるのではないかと今、思ってもいます。

いや、そうでなくても、皆さんの寄付によって運ばれた薬や注射や包帯を、私はやがてこの目で見るのではないでしょうか。

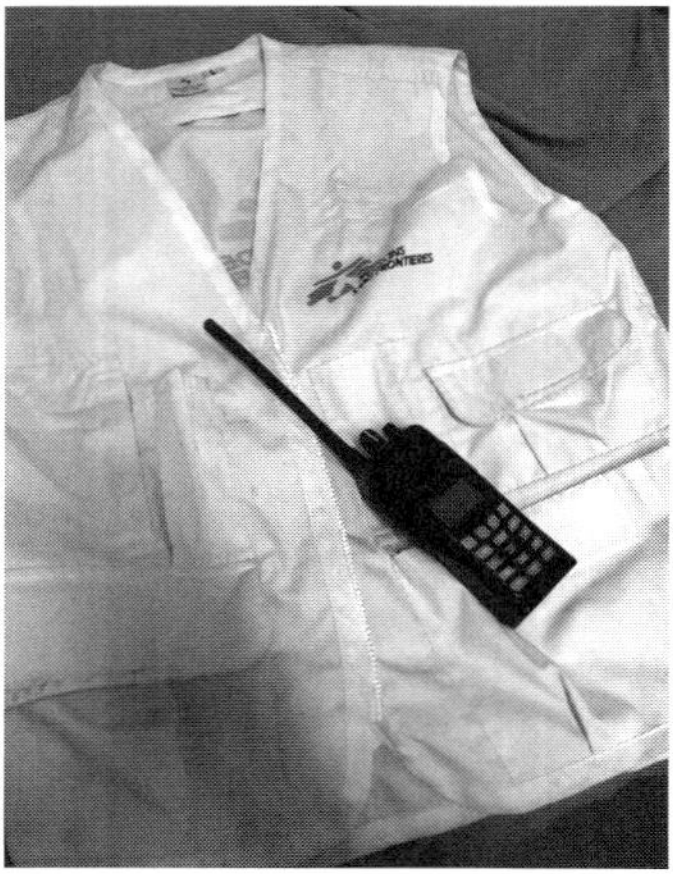

# おわりに

この新書はもともと、講談社の古い知人から「あの本とは別にもう一冊作って、読者の裾野を広げるべきではないか」という助言を受けて始まりました。

「あの本」とは『「国境なき医師団」を見に行く』で、それは私が「俺」という一人称を使って、より自分の感情に近い書きかたで各国のＭＳＦを取材したものです。もちろんそちらも是非読んでほしいのですが、知人が「裾野」と言った意味がまた重要です。

それは読者数というより、「ＭＳＦに協力したくなる気持ち」「自分も参加できるのだという発見」のほうを重視したらどうなるかというアドバイスで、いわばＭＳＦの一員になるためのハウツー本企画として「もう一冊」が欲しいということなのでした。

中年以上の多くの方々が今、定年後や子育て後の生き方を模索していると聞きます。また、本書にも出てきますが、遺贈という方法で世の中の役に立ちたいと願う人も少なくないようです。

そんな中、自分のやっている日々の仕事に張り合いを感じ、満ち足りた思いで毎朝を迎えるＭＳＦの人々は憧れの的ではないでしょうか。しかも実はこれを読んでいる方のほとんどがそうであろう「非医療従事者」が、ＭＳＦのほぼ半数である事実は目からウロコというやつではないかと思います。

また、「些少な寄付ですが」と申しわけなさそうにおっしゃる方々にも、そのお金がどれだけの人を救っているか、私はできるだけ多くの方に伝えたいと常に思っていますので、今回の新書は渡りに舟だったわけです。

構成は五所純子さんにお願いしました。彼女の仕事は正確で迅速です。『「国境なき医師団」を見に行く』や、その後も続いているYahoo!ニュースでの連載（南スーダン篇）のデータをすべて渡し、新たに『群像』で書いたＭＳＦ日本への数回にわたる取材に同行してもらうことで、それらすべての順序を並べ替え、「俺」を「私」にすることで大きく変わる文体を見事に統一していただきました。

いわば小説家ならではのノンフィクションである『「国境なき医師団」を見に行く』では、ハイチで起こった不思議なこと（取材先で「さっきまで別の小説家がここにいて、私たちを取材していた」と聞いた）が尾を引いて、ほんの一部分だけフィクションになります。

五所さんの再構成ではもちろん、そんなフィクションは当然あらわれません。しかし、私だけは「あのときの謎の作家が、この本を書いた」ような気がしています。そして、読者の背中をより強く押すのは、悔しいけれども本書ではないかとも。

編集は栗原一樹さん。さっきも書いたテキストの「順序」はこの本の肝で、彼はよくそれを整理してくれました。ありがとうございます。

そしてもちろん、広報をはじめとしたＭＳＦのスタッフ全員にも私は感謝でいっぱいです。これからもよろしくお願いします。

さて、ということで私はまだまだＭＳＦの活動地へ取材に出かけ続け、そのたびに読者諸氏に向けてそこで何があったかの報告を行っていきたいと思っています。わずかでも興味を向けていただければ、それもまた一つの「社会参加」です。なぜなら新聞もネットもない国で、たくさんの人が困窮していることは事実なのですから。それを知ることができる私たちは、決して事実を無視するべきではないのです。

ではまた、どこかでお会いいたしましょう。

講談社現代新書　2540

# 「国《こっ》境《きょう》なき医《い》師《し》団《だん》」になろう！

二〇一九年九月二〇日第一刷発行

著者　いとうせいこう　©Seiko Ito 2019

発行者　渡瀬昌彦

発行所　株式会社講談社

東京都文京区音羽二丁目一二―二一　郵便番号一一二―八〇〇一

電話　〇三―五三九五―三五二一　編集（現代新書）

〇三―五三九五―四四一五　販売

〇三―五三九五―三六一五　業務

装幀者　中島英樹

印刷所　豊国印刷株式会社

製本所　株式会社国宝社

本文データ制作　講談社デジタル製作

定価はカバーに表示してあります　Printed in Japan



N.D.C.360　269p　18cm

ISBN978-4-06-517315-2

## 「講談社現代新書」の刊行にあたって

教養は万人が身をもって養い創造すべきものであって、一部の専門家の占有物として、ただ一方的に人々の手もとに配布され伝達されうるものではありません。

しかし、不幸にしてわが国の現状では、教養の重要な養いとなるべき書物は、ほとんど講壇からの天下りや単なる解説に終始し、知識技術を真剣に希求する青少年・学生・一般民衆の根本的な疑問や興味は、けっして十分に答えられ、解きほぐされ、手引きされることがありません。万人の内奥から発した真正の教養への芽ばえが、こうして放置され、むなしく滅びさる運命にゆだねられているのです。

このことは、中・高校だけで教育をおわる人々の成長をはばんでいるだけでなく、大学に進んだり、インテリと目されたりする人々の精神力の健康さえもむしばみ、わが国の文化の実質をまことに脆弱なものにしています。単なる博識以上の根強い思索力・判断力、および確かな技術にささえられた教養を必要とする日本の将来にとって、これは真剣に憂慮されなければならない事態であるといわなければなりません。

わたしたちの「講談社現代新書」は、この事態の克服を意図して計画されたものです。これによってわたしたちは、講壇からの天下りでもなく、単なる解説書でもない、もっぱら万人の魂に生ずる初発的かつ根本的な問題をとらえ、掘り起こし、手引きし、しかも最新の知識への展望を万人に確立させる書物を、新しく世の中に送り出したいと念願しています。

わたしたちは、創業以来民衆を対象とする啓蒙の仕事に専心してきた講談社にとって、これこそもっともふさわしい課題であり、伝統ある出版社としての義務でもあると考えているのです。

**一九六四年四月　野間省一**